皇权与绅权 增补本

费孝通　吴晗等◎著

华东师范大学出版社

图书在版编目（CIP）数据

皇权与绅权／吴晗等著. —上海：华东师范大学
出版社，2014.9

ISBN 978 – 7 – 5675 – 2632 – 7

Ⅰ.①皇… Ⅱ.①吴… Ⅲ.①封建制度–中国–文集
②政权–封建制度–中国–文集 Ⅳ.①D69–53

中国版本图书馆 CIP 数据核字（2014）第 233340 号

皇权与绅权

著　　者　费孝通、吴晗等
项目编辑　许　静　储德天
特约编辑　邱承辉
审读编辑　陆海明
封面设计　吕彦秋

出版发行　华东师范大学出版社
社　　址　上海市中山北路 3663 号，邮编 200062
网　　址　www. ecnupress. com. cn
电　　话　021 – 60821666　行政传真　021 – 62572105
客服电话　021 – 62865537（兼传真）　门市电话　021 – 62869887（邮购）
地　　址　上海市中山北路 3663 号华东师范大学校内先锋路口
网　　店　http://hdsdcbs. tmall. com

印 刷 者　北京京都六环印刷厂
开　　本　787×1092　16 开
印　　张　11.5
字　　数　180 千字
版　　次　2015 年 1 月第 1 版
印　　次　2017 年 1 月第 2 次印刷
书　　号　978 – 7 – 5675 – 2632 – 7/K. 416
定　　价　24.00 元

出 版 人　王　焰

（如发现本版图书有印订质量问题，请寄回本社市场部调换或电话 021 – 62865537 联系）

目 录

论绅士

费孝通

绅士是封建解体、大一统的专制皇权确立之后，中国传统社会中所特具的一种人物。它的发生有着它的社会背景，从这背景中我们可以了解它的特性。

帝王本无种

这种我们所谓绅士的人物也常被称作士大夫。因之，它也常被认作和封建时代的大夫和士一类的人物，其实士大夫和大夫士却有很重要的区别。

在封建制度中，大夫和士是统治阶级的一层，虽则在统治阶级中说是很低的一层，但是究竟还是统治者，是握有政权的。封建制度中，政权并不集中在最高的王的手上。这是个一层层重叠着的权力金字塔，每个贵族都分享着一部分权力。王奈何不得侯，侯也奈何不得公，一直到士，都是如此。他们在一定的范围之内，各层有各层的政权。所以我们可以说大夫和士也是握有政权的统治阶级的一部分。封建解体，在政治上说，是政权不再像金字塔一般的从上逐渐一层层地分下来，而集中成了大一统的皇权，皇帝是政权的独占者，"朕即国家"。他在处理政务时固然雇用着一批助手，就是官僚。可是官僚和贵族是不同的：官僚是皇帝的工具，工具只能行使政权而没有政权；贵族是统治者的家门，官僚是统治者的臣仆。

封建解体之后，政治上还有一个重要的变化，那就是："帝王本无种。"

封建的政权是依血统来分配和传袭的。不生在贵族之门的庶人，轮不到这些"宝座"，看不到这些"神器"。没有人能在出生之前挑选他的血统，也没人在出生之后能改变他的血统，所以不在其位的，也不会去觊觎此位。正如生而为女的不会想变为男的一般。可是封建解体之后，人人得而为皇帝了，换一句话说，政权成了个可以夺取的对象了。在秦末的时候，封建初废，"彼可取而代之"的心理是既新鲜而又生动，所以太史公在《史记》里借了项羽之口，还要写下这一笔有声有色的口号。这口号是划时代的。从项羽这样一说，争夺政权的事也就没有停止过。政权在一般人眼中似乎成了一个宝贝，做大买卖的就干这个。

可是不幸的，封建里解放出来的政权，固然不再专属一姓，万世一系了，但是中国却到现在还没有找出一个夺争政权的和平方式。我们一说起夺取政权，也就忘不了"揭竿而起"的武力手段。武力争夺的方式下，政权成了"成则为王，败则为寇"的夺宝。夺来夺去，以暴易暴，总是极少数人统治着其他的人民，专制的皇权并没有在政权的转移中发生任何性质上的改变。我们不像英国，杀一个皇帝，皇权减少了一些，民权抬了一些头；赶走一个皇帝，皇权又减少了一些，民权也又抬了一些头；最后竟变了个挂名皇帝，取消了皇权。在传统中国只有"取而代之"的故事，流的是人民的血，得到宝座的却是少数幸运的流氓，像刘邦、朱元璋一派人物。在御定的国史上，固然似乎真有着一线相承的正统；事实上，恐怕大小规模的内战是经常的现象，史不绝书的。

天下之大不韪

以武力争夺政权是危事。成固然可以称王，败则只有一死，非但一死，而且可以灭族。在争夺的时候是"寇"是"匪"，被剿被戮，面对着武力的威胁，这是必然的，用武力得来的天下，怎肯随意拱手让人？许由、务光也不是既得政权之后而逃走的，尧舜的谦让和我们熟知的辞职也许差不多；无论如何，这些本是无可考证的传说，从有记录的历史看，马上得的天下也必须在马上失之。

宝座的代价是命拼来的，当然要世世代代尽力保持着。别的罪都可以因皇恩浩荡而赦免，唯有"篡逆"却在一切可赦者之外。所以这是"天下之大不韪"。念过明太祖对付这些敢于侵犯政权者的酷刑记载，无异是"地狱历程"，我们在城隍庙里所见的十八层地狱的形象，据说是写实的，是《明史》标本。希特勒比了明太祖还是小巫见大巫。

威胁是皇权自保的手段。我记得幼年时曾经不知怎么在小朋友面前夸口自称起皇帝来，祖母在旁边赶紧很严厉地呵斥："这是不能说的！"——用现代名词说是 Tabu，即是孩子们戏言都不能触犯这个威权。这不是迷信，历史上，至少是传说的历史上，有着屠杀据说命中有做皇帝可能的孩子的说法。

威胁却从来不曾是政权有效的保险，因为"人不畏死，奈何以死惧之"。只要是政权可争，皇帝的宝座具有引诱，是一笔大买卖时，冒天下大不韪的人还是会接踵地相望于道。威胁只吓得住一部分人，不是全体。在予取予夺，想什么有什么的专制皇权下，政权可以用来谋取私人幸福的时候，社会也可以从顺逆的界线上分出不敢冒大不韪的人和敢于冒大不韪的人。敢不敢是怎样决定的呢？

在专制政体之下，人民只有义务而没有权利。皇帝的话就是法律。他如果想要大兴土木：建宫殿，营陵墓，造长城，开运河，不管人民愿意不愿意，他就可以用政权来向人民要钱要人；他如果想开边扩地，所谓好大喜功，或是要戡乱平变，所谓安内，不管人民愿意不愿意，他又可以用政权来向人民要钱要人。纳税当兵之成为义务，在专制政体下生活的人是最明白的。这也是孔子所谓"苛政猛于虎"的根据——可见其由来已久。这政治老虎出了槛，就会逼人上梁山了。

逃避权力的渊薮

政治老虎对于每个解除了武装的被统治者的威胁是一般的。但是他们对这老虎的反应却不同。

从接受政治老虎威胁的能力上说，愈是经济基础薄弱，愈是承担不起要钱要人的征发。假如经济基础比较稳固些，他还可以忍痛耐一下，所谓逆来顺受，花些冤枉钱免得惹是非，拉长了看，还是上算的。而且在我们的传统里"要人"总是可以转变为"要钱"，骨肉离散、春闺梦里人、白骨填沟壑之类的事不至于发生在富豪之家，原是事实。如果要逼到非上梁山不可，也是偶然的。所以在贫富之间有着顺逆之别。

可是经济基础较稳固的人家，也有他们不利之处，所谓"人怕出名猪怕壮"，如果政治老虎择肥而噬时，情形可比一身之外无长物的贫民更为尴尬。这时财产和较安乐的家庭却成了"家室之累"了。所以，有产的家室不能不更担心着政治老虎的威胁。

在平民，穷到没有办法时，可以硬干。在有家室之累的资产阶级却不大方便硬干。于是他们要开辟一个逃避这老虎的渊薮了。可是"率土之滨，莫非王土"的时代，没有租界；交通不方便，海禁未开，也不能去华府或巴西，连香港都没有，在空间想找逃避是不太容易的。也许这也不是断不可能，因为逃之四夷的在早年还是有例子可举。范蠡、张良，都会神龙见首不见尾，可能是走了的，像老子一般骑了青牛也可以出关。但从普通人说，逃避之所还得在社会制度中去创造。

大一统的专制皇权中被这批人发现了一个漏洞。握有无上政权的天子，固然可以在政权的占有上一丝不让人，但是幅员辽阔的天下，却不能一手经管。他虽则未始不想凡事亲理，天子还是人，还是有实际的限制，所以他不能不雇用大批官僚。

我已说过官僚并非天子的家门，并不和皇上分享政权，他们不过是臣仆。当大一统局面形成之前，曾有些人认真地想建立一个富有效率的行政机构，这是法家。他们的理论是一点都不错的，有效率的行政机构必须是一个法治的机构，一切人都得在法律之内。商鞅实验着这理论而且有了成效，可是他有一小点疏忽：有一个人没有收入法律之内，那就是天子。这留在法律之外的一个人却把法家的理论作废。商鞅自己把生命牺牲了，而且还给后世看成了个"现世报"的傻子。"作法自毙"在历代论者的笔下是件愚不可及的殷鉴。——这是现实的批判：如果最高的权力不受法律的拘束，整个有效率的行政机构可能成为无可抵御的老虎了。从被统治者着想，官僚自己也在内，这决不是个理想，理想刚刚和这个相反，而是一个瘫痪的行政机构。从官僚的怠工做到无为而治的、"天高皇帝远"的、不发生作用的、被软禁了的皇权——这才是孔孟老庄合作努力达到的理想政治。

皇权被软禁的理想也不易充分实现，退而求其次，为了自身的安全，这些官僚即使不能怠工，也得为自己和自家亲戚朋友们开一个方便之门。他们可以利用着他们在行政机构里的位置做掩护，一个不受权力所威胁的租界地。

这个发现给那些有家室之累，不敢冒天下大不韪的资产阶级找到了一个逃避权力的渊薮了。有一些像纳尔逊的战略："靠近敌人。"可是这些欲求自保的资产阶级靠近政权、为皇帝当差、进入官僚的战略，却并不是攻势，而是守势；不是积极的目的，而是消极的目的——并不想去"取而代之"，而是想逃避，"吃不到自己"。官僚和他们所掩护下的亲亲戚戚构成了中国社会所特有的"法律所不及的区域"，他们有免役免税的特权，但并没有政权。

官僚和绅士

靠近自己想逃避的对象是一件需要极机警的动作。官僚是奴才，"君要臣死，不得不死"，"臣罪当诛，天王圣明"——这角色是不易当的。他们不能全部怠工，一旦给皇帝识破，就会斩头。于是他们得行使出两套面目，在执行向平民要钱要人时得特别卖力，把整个政治的担负转嫁到平民身上，使自己所掩护下的亲亲戚戚都可以豁免。但是一旦平民被逼到铤而走险时，首当其冲的却又是这些人。天纵神明是不能错的，官僚成了替罪羊。卖劲也不好，不卖劲也不好。在这里，中国官场中，经了几千年的磨炼，虽则已有种种传统的"宦术"，但是做官并不是一件太容易而没有风险的事，宦海也可没顶。

做官并没有太大的直接的好处。利用官职直接发财的行为，在皇帝看来，不但是腐化皇权所依赖的行政机构，而且是和自己争利，在一个不太糊涂的皇帝手上是不会容忍的。像贾政这样的循吏，加上内宫里还有着裙带的联系，为了侄媳的受贿，竟免不了抄家，可见吏治在专制皇权之下的严厉了。普通官吏不能不勉为其难做到两袖清风的地步。做官既没有太大好处，而多风险，为什么大家还是争着要做官呢？

陶渊明是够得上清高的标准了，他有着诗人的天才，有着独到的风雅，可是他尽管这样，还是勉强去折过腰的。如果折腰不是必要的话，他何必不早一些在田园里负锄往来呢？这是中国社会所不许可的。如果他真的看不起官职，他不去折腰，最可能的他已成了折臂翁了。折腰和折臂之间的选择，使人体悉了非做官不可的原因。

做官是得到安全和保障的必要手续，有一点像打防疫针，在打针期间可能有反应，做官是有风险的，可以被抄家，被斩头，皇上是难侍候的。可是反应受过，就可以免疫了。当然，这个譬喻有一点不太切，防疫针只能自己免疫，而做官所能掩护的领域却不止个人。于是又发生了一种办法，就是一个集团遣派代表去做官；一人升官，鸡犬安宁。

传统社会里的大家族就是这种团体。全族人合力供给一个人去上学，考上了功名，得了一官半职，一族人都靠福了。在朝廷里没有人，在乡间想保持财产是困难的。像顾亭林这样德高望重的学者，改换了朝代，宁可闭门读书，简从旅行，但是为了安全和保障还是不能不派他外甥到朝廷里去侍奉异族。他这种做法，其实在逻辑上并不矛盾。中国的官僚并不是分享政权的，他们和政权本来是处于敌对的地位。侍奉它，就在软禁它，逃避它，并不改变其敌对的地位。这是美国社会学家孙末楠所谓敌对的合作。外甥做官，保障了舅舅的安全，甚至可以使舅舅能安心去下革命的种子。在他们看来可以毫不矛盾。

中国传统的官吏并不认真做官，更不想终身做官；打防疫针的人决不以打针为乐，目的在免疫，和免了疫的康健。中国的官吏在做官时掩护他亲亲戚戚，做了一阵，他任务完成，就要告老还乡了，所谓"归去来兮"那一套。退隐山林是中国人的理想。这时，上边没有了随时可以杀他的主子，周围是感激他的亲戚街坊，他的财产有了安全，面团团，不事耕种而享受着农业的收益。这是"衣锦还乡"的景况，是中国专制政治之下的特权人物的享有。他们决不冒险去觊觎政权，他们的孩子都不准玩着"做皇帝"的游戏。他们更不想改革社会制度，因为他们一旦把皇权的威胁消除了，或推远了，他们就不能靠这制度得到经济的特权。他们在农业经济中是不必体力劳动的既得利益者，他们可说是不劳而获的人——这种人就是绅士。绅士是退任的官僚或是官僚的亲亲戚戚。他们在野，可是朝内有人。他们没有政权，可是有势力，势力就是政治免疫性。政治愈可怕，苛政猛于虎的时候，绅士们免疫性和掩护作用的价值也愈大。托庇豪门才有命。

绅士和官僚互相连起来才发生上述的作用，于是我们可以了解为什么我们会一直沿用着封建时代所传来的大夫和士这两个名称，而且自从颠倒了次序成为士大夫之后，我们一直把这两个名称连用着竟成了一个名词了。

绅士是士，官僚是大夫。士大夫连成了中国传统社会结构中一个重要的层次，就是到现在还是如此。

论 "知识阶级"

费孝通

知识阶级已是一个很流行的名词。这名词指示了中国社会在"知识"上发生了分化，其中有一部分人以"有知识"作为异于他人的特性。这里发生了问题："知识"怎么可以成为社会分化的基础呢？可以分化社会的知识是什么性质的呢？这类知识怎么会独占在某一部分人的手里？这种独占有什么好处？怎样加以维持？这一部分怎样在社会里构成阶级？这种结构对于中国现代化有什么影响？这些是我想在本文里提出来讨论的问题。

知者的知识

可以成为社会分化基础的必须是可别的标帜。男女两性常是分化基础，因为他们是可别的。现代社会中主要的分化是根据经济的，但并不是贫富，贫富是相对的"差"而不是"别"。分化现代社会的是生产工具所有权的有无。握有生产工具的和没有生产工具的形成两种不同而且对立的阶级。这样说来知识怎么能成为社会分化的基础呢？世界上岂能有毫无知识的人呢？如果没有人能毫无知识而继续生活，知识也决不能成为一部分人所特具的了。我们凭什么可以说"知识阶级"呢？

知识是所知，知是人类所共具的能力，所以知识是凡人皆有的。但是在古书里也有并不把作名词之用的"知"字广泛地包括一切所知，而且用"知"

字作为形容词时，如知者的"知"字，意义也更狭。现代所流行的知识分子一词可能是相近于古书所谓知者。

我们不妨以《论语》里知字的用法作例：

"知"字作为动词时是和我们普通所说"知道了"的"知"字是相同的。例如：

> 父之年不可不知也。
>
> 殷因于夏礼，所损益，可知也。

但是"知"字成为名词时却可以有狭义的用法了。例如：

> 樊迟问知。子曰："务民之义，敬鬼神而远之，可谓知矣"。
>
> 子曰："盖有不知而作之者，我无是也。多闻，择其善者而从之；多见而识之——知之次也。"
>
> 樊迟问知。子曰："知人"。樊迟未达。子曰："举直错诸枉，能使枉者直"。

这里所谓知，显然不单是"知道了"，而是指"懂了道理"。在第二条文里孔子说明了行为的普通过程：先是闻、见；接下去是择、识；于是知，知才有作。知之异于闻见是在有所择识。择的根据是善，识是加以辨别；因之我们可以说知是明白了行为标准加以择识的作用。所谓行为标准就是"举直错诸枉"里的直字。知了之后，对己还要"从之"，对人还要"使直"，那是"作"。所以孔子可以直接以标准行为的规范来说明知。凡是对民能"务本"，对鬼神能"敬而远之"的就可以说是知了。知在这里不只是人的能力，而是人的德性，可以和仁勇并称。因之，知者并不是指聪明人，智力高的人，或是见闻极广的人，而是指明白道理的人，道理就是规范。

在人类所知的范围里本来可以根据所知的性质分成两类：一是知道事物是怎样的，一是知道应当怎样去处理事物。前者是自然知识，后者是规范知识。《论语》里所申述的知是属于规范知识。依孔子看来，凡是专长于规范知识的人可以不必有自然知识。孔子所代表的知者是"四体不勤，五谷不分"的人物。分辨五谷是自然知识，对于知者是不必要的。

> 樊迟请学稼。子曰："我不如老农"。请学为圃，曰："吾不如老圃"。樊迟出。子曰："小人哉，樊须也。上好礼，则民莫敢不敬；上好义，则民莫敢不服；上好信，则民莫敢不用情。夫如是，则四方之民，襁负其子而至矣，焉用稼？"

这段话不但说明自然知识对于和孔子一般的人是没有价值的，而且从此可以看到这种人的社会地位。他们是在"上"的，在他们之下的是"民"，民是种田种菜的人。在上的人所要的是获得这些民的敬服，方法是好礼、好义、好信。礼、义、信是规范，明白这些规范而实践是知。有规范知识的人不必亲自劳作的。这种社会结构到了孟子口上说得更清楚。有一次有个叫陈相的在孟子的面前宣传许行的"贤者与民并耕而食"的主张，孟子听了大不以为然。他认为社会必须分工：耕、织、机器、陶冶不能由一人经营。这是从经济原理立论的；但是他一转，却用分工的原理去维持政治上统治者和被统治者的分化了。在这里他说明了"在上"者的特权。他说：

> 百工之事，固不可耕且为也，然则治天下独可耕且为与？有大人之事，有小人之事；且一人之身而百工之所为备，如必自为而后用之，是率天下而路也。故曰：或劳心，或劳力；劳心者治人，劳力者治于人；治于人者食人，治人者食于人，天下之通义也。

我引用了上面的两段话，目的是想指出，自然知识和规范知识的分别包含着社会分化的意义，自然知识是农圃百工所赖以为生的知识，用普通的话说，是利用自然来生产的知识。规范知识是劳心者治人的工具，统治别人的可以"食于人"，由生产者供养，所以自己可不必生产；不事生产才能四体不勤，才能五谷不分，"焉用稼"？

规范带来了威权

孟子虽则说这种社会分化是"天下之通义"，但并没有说明那些劳心的，或如我在上面的解释，那些具有规范知识的为什么可以在上，可以治人，可以食于人。我们如果要分析这些知识分子怎样得到他们这种社会地位，"通义"两字是不能满足我们的。我觉得知识分子的地位有一部分是从规范知识的性质里发生出来的，因之，在这里我们还得再分析一下规范知识的性质。

人们生活上的需要，衣食住行，在在得用自然的物资来满足。可是人并不能任意取给于自然，像神话里的仙女一般说什么就有了什么；人得依顺着自然运行的原则，才能以自然物资为己用。要能依顺自然原则，必然先需明白知道这些原则，自然知识是这些原则的认识。譬如摩擦可以生火是人类很早也是很重要的自然知识。但是要生火的人并不是随意把东西摩擦一下就可以得到火的。生火的知识的内容必须包含用什么东西、怎样摩擦、摩擦多久等许多条件。在这些条件下才能实现摩擦生火的自然原则。这许多物质条件和手艺是技术。技术规定了在一定程序下得到一定的效果。它可决定火生得起生不起来。

在人类生活中，我们并不是为生火而生火的。生火是为了要达到另外的目的：煮饭、取暖、照明、敬神，——于是发生了另外一套问题：为了某种用处应当在什么时候、地点、场合、由谁去生怎么样的火？生火在这里已不是一件孤立的活动，而是整个社会制度中的一部分。在和生活的关联上，生火的活动附着了价值观念，有着应当不应当的问题。这是孔子的所谓礼。同一件事，同一种动作，在不同情形中，有时是应当的，有时是不应当的。

"管仲礼知乎？"曰："邦君树塞门，管氏亦树塞门；邦君为两君之好，有反坫，管氏亦有反坫。管氏而知礼，孰不知礼！"

决定"应当这样不是那样"的是我在本文中所说的规范知识，和技术所根据的自然知识性质上是不同的。

自然知识有正确不正确，不正确就达不到所要的结果。不明白，或明白了不遵守摩擦生火的技术，结果是生不出火，因之我们不需要另外一种力量去防止人们不遵守正确的自然知识。规范知识则不然。人们不遵守应当的规范，虽则也会引起有损害于社会的结果，但是这损害并不很容易看到，而且对于个人可能是不受损害的。所以为了保障社会共同生活的人大家的利益，不得不对于不遵守规范的人加以制裁，使"应当这样"成为"不敢不这样"。制裁作用需要威权的支持。威权的来源是社会共同的意志，可是社会上所有的人不能大家参加制裁的工作，所以得把威权授于若干人物去代理大家执行这任务。这种人是相当于上节里所提到的知者。

在一个变动很少的社会中，从实际经验里累积得来的规范时常是社会共同生活有效的指导。规范对于社会生活的功效不但是它存在的理由，也是受到社会威权支持的理由。社会威权的另一面就是人民的悦服。悦服的原因是在从此可以获得生活上的满足。社会结构不变动，规范成了传统，已往的成效是规范取信于人的凭借。

> 子曰："述而不作，信而好古，窃比于我老彭。"
>
> 子曰："甚矣，吾衰也。久矣，吾不复梦见周公。"
>
> 子曰："我非生而知之者，好古敏求之者也。"

他认为他所做到的不过是把传统说说罢了，传统是古时传下来的规范，周公是传说中创立这些规范的人物。

传统的社会也可以称作威权的社会。在这种只要遵守现存的规范就可以解决生活上各种问题的社会里做人，他们不必去推究"为什么"的问题，只要问"应当怎么办"或是"以前人曾经怎么办的"就够了。"民可使由之，不可使知之"的时代是传统规范有效的时代，也是社会结构不常变动的时代。那时的问题是谁知道规范？谁知道传统？他们服从规范和传统，像一个工匠服从技术一般，技术由师傅传授，师傅是知道技术的人，他具有威望。同样的，知道传统的人具有社会的威望。

在这里我得加上一个注解，这威望和政权可以是不同的。我在《论绅士》一文中着重地说，中国的士大夫并不是握有政权的人。在中国，政权和这里所讲的社会威权是很少相合的。政权是以力致的，是征服者和被征服者的关系。这里所讲的威权是社会对个人的控制力。儒家固然希望政权和社会本身所具的控制力相合，前者单独被称为霸道，相合后方是王道。但是事实上并没有成功的。孔子始终是素王，素王和皇权并行于天下，更确切一些说，是上下分治。地方上的事是素王统治，衙门里是皇权的统治。皇权向来是不干涉人民生活的，除了少数暴君，才在额定的赋役之外扰乱地方社会的传统秩序。

文字造下了阶级

在生活比较简单的社会里，规范的知识并不是少数人所特有的，凡是在行为上表示出有这种知识的就可以享受传统的威权，并不须特殊的资格。

> 子夏曰："贤贤易色，事父母能竭其力，事君能致其身，与朋友交，言而有信。虽曰未学，吾必谓之学矣"。

没有特殊资格的原因是在每个人都有和这种知识接触的机会。这种知识是在世代间和社会里口口相传，人人相习的。《论语》开宗明义的第一句里就用"习"字来说明学。接着提到曾子的三省，最后一条是"传不习乎?"《论语》里充满着闻、问这一类直接口头交谈的方式。孔子自己是"不耻下问"，"入太庙，每事问"。到现在学术和"学问"还是相通的，在那时文字显然并不占重要的地位。"行有余力，则以学文。"

但是生活逐渐复杂，去古日远，口口相传的规范发生了派别的出入时，就有"征实"的问题，那时文献才成了定谳的凭证。

> 子曰："夏礼吾能言之，杞不足征也；殷礼，吾能言之，宋不足征也，文献不足故也，足则我能征之矣。"

文献却不是大家可以得到的，文字也不是大家都识的。规范、传统、文字结合了之后，社会上才有知道标准规范知识的特殊人物，称之为君子，为士，为读书人，为知识分子都可以。

我在《论文字下乡》（见《乡土中国》）里曾说乡土社会是有语无文的。中国的文字并不发生在乡土基层上，不是人民的，而是庙堂性的、官家的。所以文字的形式和文字所载的对象都和民间的性格不同。象形的字在学习上需要很长的时间，而且如果不常常用，很容易遗忘；文言文的句法和白话不同，会说话的人不一定就会作文，文章是另外一套，必须另外学习；文字所载的又多是官家的文书、记录和史实，或是一篇篇做人的道理，对于普通人民没有多大用处的。这类文字不是任何人都有学习的机会。没有长期的闲暇不必打算做读书人。闲暇在中国传统的匮乏经济中并不是大家可以享有的。尽量利用体力来生产的技术中，每个从事生产的人为了温饱，每天的工作时间必然很长，而且技术简单，收入有限，一年中也不能有较长的假期。因之，如我在《禄村农田》里所描写的：生产者没有闲暇，有闲暇的不事生产，生产和闲暇互相排斥。换一句话说，除非一个人能得到生产者的供养，是不能脱离劳作的。在以农为主的中国经济中，这种人大多是地主，而且是相当大的地主，大到能靠收租维持生活的地主。有资格读书的必须有闲暇，只有地主们有闲暇，于是读书人也就限制在这一个经济阶级中了。

孟子所说劳心者食于人的通义，并不是说劳心是一种应该受到供养的服役，食于人是他们应得的报酬；而是说非有食于人资格的不配劳心。

不劳力的人本来并不是非劳心不可的，换一句话说，一个靠着特权而得到生产者供养的人，不但不必有生产所需要的技术知识，也不必有任何其他知识，他可以优哉游哉地过他寄生的日子。如果他这样，他的特权可就不安全了。特权是要靠力量来维持的：暴力、政权或社会威权。文字是得到社会威权和受到政权保护的官僚地位的手段。于是不但只有这种阶级有资格读书，而且这种阶级亦有读书的需要，两相配合而成了这种阶级的特点了。

这种配合的结果却发生了技术知识和规范知识的分化。我的意思是：并不是因为知识本身可以有这两类的分别，好像男女之别一般，发生为社会的分化；而是因为社会上不同的阶级因为他们不同的地位、需要和能力吸收了不同性质的知识，而使上述两种知识分离在两种人里面。

如我在上面所说的，技术知识和规范知识本是相关相联的。但是规范知识和文字一旦结合而成了不事生产者的独占品时，它和技术知识脱离了。这样一脱离，技术也就停顿了。我已说过自然知识一定要通过社会才能被应用而成为有用的技术。社会必须决定某种自然知识怎样去安排在社会制度里来增加那些人的生活享受。安排这事的人必须是明白技术的人，不然就无从安排起。那些"四体不勤，五谷不分"的人如果有着决定应当怎样去应用耕种技术权力的话，他只有反对"淫巧"以阻止技术的改变了。现代技术的进步是生产者取得了决定社会规范的权力之后的事。一旦这权力脱离了生产者，技术的进步也立刻停顿。

传统社会里的知识阶级是一个没有技术知识的阶级，可是他们独占着社会规范决定者的威权，他们在文字上费工夫，在艺技上求表现，但是和技术无关，中国文字是最不适宜于表达技术知识的文字；这也是一个传统社会中经济上的既得利益的阶级，他们的兴趣不是在提高生产，而是在巩固既得的特权，因之，他们着眼的是规范的维持，是卫道的。眼睛里只有人和人关系的人，他不免是保守的，人和人的关系要安排到调协的程度必须先有一个安定的基础，这基础就是人和自然的关系。所谓保守是指不主张变动的意思。眼睛里只有人和自然关系的人，单就技术上打算的，他不免是不肯停的，前进的，要变的；在经济，在效率上讲，那是没底的。技术的改变使人和人的关系不能不随着改变，于是引起不断的社会的变动，变动中人和人可能得不到调协，发生冲突，增加生活上的痛苦。中国的传统知识分子是前一种人，他不了解后一种人，因为他们是没有技术知识的人。

现代知识分子

当中国被西洋的经济政治的扩张力量带进现代世界时，在社会上握着威权，指导着"在下者"应当怎样应付环境的人物，就是我在上面所分析的知识阶级。中国接受外来文化的影响并不自现代始，印度文化曾经有力地进入过中土，但是这种外来文化并没有引起社会结构上的紊乱，也许是因为所传入的正是中国知识分子所熟习的那一套，象征性的、文字的、思想的那一套。他们明白怎样去应付，怎样去接收，怎样去加以汉化。可是现代从西洋所进来的那一套却不同了。工业革命之后所发生的那一套西洋文化是以自然知识和技术做重心的。那恰巧是我们知识分子的外行，不只是外行，而且瞧不起的那一套。

文化的传播是受到社会结构的限制的。我们用了这个自然知识和规范知识分化的格局去和西洋文化相接触时，西洋文化的重心也就无法传播进来。中国具有自然知识、依赖技术为生的人，限于他们的财力和社会地位，不容易和西洋文化相接触。他们可以从西洋运来的货品和工具上间接地去猜想西洋的技术，但是很少机会可以直接去传授技术（中国匠人模仿洋货的能力是惊人的）。和西洋文化有机会直接往来，懂他们的文字，能出洋的却多是知识分子。在这阶级里发生了"中学为体，西学为用"的公式。这公式不过是中国社会结构本身格式的反映。在这公式下，"在上者"看到西洋技术的效用，但是他们依旧要把这种知识割裂于规范知识，他们要维持社会的形态而强行注入新的技术——一件做不通的事。中国知识分子并不是不能明白西洋也有一套所谓精神文明的。西洋的历、数、哲、理都比我们自己的强。这套东西，在纯粹理论方面，是中国传统知识分子所能接受的。以我个人所熟悉的社会科学说，穆勒、斯宾塞、孟德斯鸠、亚当·斯密等人的名著很早已有严复的译本。这些理论是工业革命之后西洋现代文明的理论基础，但是当这些理论传进中土，却并没有激起工业革命。这说明这套理论一定要和现代技术配合了才发生作用，一旦脱离了技术，只成了一篇文章罢了。——知识分子不能看重西洋文化的理论或是技术，他们同样地并不能把握住两者的关联。他们不能这样，因为他们生活所倚的社会结构是一个把知识分化了的结构。

中国知识分子受着这种传统社会结构的拘束，使他们不能在中国现代化的过程中担当领导的责任。我这样说并不单指已经过去的一代，我很有意思想包括我们自己这一代在内。在我们这一代里，学习工程和技术的人数是多了，他们而且已经有机会直接到西洋去传授。但是当他们学习的时候，他们却时常只注意自然知识和技术，生火怎么生法一类的问题，并不想到火应当生在什么场合里，对于社会的影响怎样。等他们"学成"了衣锦荣归后，他们会一转而成为食于人、治人的人物，他们继承着传统知识阶级的社会地位，是"在上者"。他们的祖宗是没有技术知识的人物，但是他们有适合于当时社会的规范知识。现代的知识阶级有了不加以实用的技术知识，但是没有适合于现在社会的规范知识。这种人物在社会里是不健全的。不健全的人物去领导中国的变迁，怎能不成为盲人骑瞎马？

或者有人会觉得我这种学说是过分的，我但愿如此，希望现代的知识分子不致这样的不健全。但是我的看法却是从我在现有的工厂里观察出来的。在我们所研究过的工厂里，凡是学校出身的，决不愿意当技工，一定要做职员。职员不但是一个社会地位，而是动笔、动嘴、不动手的人物。工程师和技工的区别是前者经过别人的手去运用机器，而后者用自己的手去运用机器。我们且不必去问一个不直接用自己的手接触机器的人是否真的能熟习技术，我觉得特别关心的是这些学工程出身的工程师并不知道怎样去有效地利用别人的手；那是工厂管理，人事重于技术的职务，也正是中国新工业里最缺乏的人才。

为什么？这是传统的知识分化还是活着的缘故。

最近哈佛大学费正清教授曾说：现代技术进入民间是中国现代化最急需做到的事，但是传统的社会结构却一直在阻挠这件事的发生。他是从中国前途着眼而说的。如果我们回头看到知识阶级的本身，我们不免会为他们担心了。以整个中国历史说，也许从没有一个时期，在社会上处于领导地位的知识分子曾像现在一般这样无能，在决定中国运命上这样无足轻重的。我这篇分析是想答复这个问题：为什么他们会弄到这个地步？

中国知识分子是否还有前途，要看他们是否能改变传统的社会结构，使自然知识、技术知识、规范知识能总合成一体，而把他们所有的知识和技术来服务人民，使知识不成为一个社会阶级的独占品，也就是说打破这知识成为阶级的旧形态。

论师儒

费孝通

我在《论绅士》一文里曾想对那种被称为士大夫的人物在传统政治结构中的地位加以分析。我的看法是认为自从大一统的集权政治确立之后士大夫并没有握过政权。我所谓政权并不指做官，而是政策的决定权，也就是国家的主权。在封建时代，主权属于贵族；在"朕即国家"的皇权时代，主权属于皇帝。我自己问自己：为什么中国的历史里不曾发生中层阶级执政的政治结构？这问题使我对士大夫阶层的政治意识发生兴趣。他们怎么不去和皇帝争取政权？中国怎么不发生有如英国《大宪章》一类的运动？这种在经济上是地主，社会上是绅士的阶层怎么会在政治上这样消极？这些问题显然可以从多方面去研究，我在《论绅士》一文中已经提出过一些意见，在这里我想再挑一点出来发挥申引，所挑出来的一点是他们自己对于自己政治地位的看法。这种看法并不是士大夫阶层不去争取政权的"造因"，只是一种维持传统结构，那种"朕即国家"的政治结构的意识，本身是一种支持结构的力量，使这结构不易改变。

任何一种社会结构必然包括一套意识，就是认为应当如此的态度。它支持着那种结构。我在这里想说明被皇权所控制的士大夫用什么态度来认取他们和皇权的关系。我把这种士大夫的基本政治意识加以说明绝不包含我本人赞同这种意识的意思（因为有一部分不太明白社会分析工作的读者曾为了我分析这套传统结构和意识而认为我在提倡这套结构和意识，所以不得不加这一句话）。我认为唯有明白这种意识的内容，我们才能在要求改革社会结构时，克服这种阻碍改革的力量。

道统和政统

传统士大夫的政治意识中有一个很重要的观念就是道统。道统这个观念在皇权确立之前已经发生，而且我们也可以说，这观念的成熟才使皇权的结构能够确立。因之我们在分析这一直到现在还发生作用的传统、政治意识时，不能不推到皇权确立之前，尤其是封建和皇权交替的过渡时期。

我并不愿意把一种社会意识的形成归原于一二思想家的言行。在我看来，一个时代的思想家，他们的言行能被社会所接受，主要的是因为他们反映了社会上一般的观点，他们不过把已经由客观的社会事实所造成的观点用比较明白和肯定的言行表达出来罢了。在封建过渡到皇权时，最能反映出这趋势的思想家是儒家。儒家最后能超过其他百家而成为皇权时代最有力的思想体系，可以说是因为它所表达出来的观点是最适合于皇权时代政治结构中所需的意识形态。

道统这个观念有它所根据的社会事实，这社会事实就是发生了一个没有政治权力的士大夫阶层。把这观念说出来，而且组织成有系统的理论的是儒家。儒家的理论是跟着社会事实的演变而逐渐发展的。为了传统社会中威权寄托在传统——"过去的前例"，所以凡是要取信于民的，不能不常常"托古"，所谓"述而不作"，其实是修改史书。在那种时代，历史并不一定是实际社会事实演变的记录，它和神话是并不相分的。正因为这个缘故，理论、史实、神话混合的程度高，它们反映这时代实际需要的程度也高。我们读一节记载，对于它的"寓意"应当看得比"事实"更重［所谓"寓意"是指这故事在当时（说这故事的时候）社会上发生的作用，所谓"事实"是指故事内容的真实性］。

我说这一段话是要指明我虽则在下面要引用若干有关于孔子的言行，来说明儒家道统观念的内容，但是这些言行是否系孔子当时实有的记录，并不是重要的。孔子是生在封建和皇权交替过程的前期，他后来在皇权确立时期被推崇为"万世师表"，所推崇的却是在皇权时代有关孔子的传说，其中无疑地有许多附会和神话，并不一定是实有的孔子一生的事迹。但是在这些附会和神话中却更可以使我们看得出儒家和皇权在推崇孔子的时代的关系来。我知道有一部分读者可以说孔子是皇权确立以前的人物，不能用来说明皇权时代士大夫的意识，所以我要做上述的说明。我在这里所提到的孔子，主要的是汉代士大夫所奉以为师表的孔子，这是个传说或神话性的孔子，正是这个孔子才真正象征了皇权时代士大夫的表率，一直到现在还没有完全死去的模型。

道统观念的形成是因为社会上发生了一种新的人物，这种人物已经被排斥于握有政治权力的圈子，但是在社会上却还保持着他们传统的威望；他们没有政权不能决定政治，但是他们要维持他们经济的特权，有他们政治的主张。这一套主张用文字构成理论，对政治发生影响。他们不从占有政权来保障自己的利益，而用理论规范的社会威望来影响政治，以达到相同的目的——这种被认为维持政治规范的系列就是道统。道统并不是实际政治的主流，而是由士大夫阶层所维护的政治规范的体系。

当士大夫阶层要用道统来驾驭或影响皇权，以规范牢笼现实的时候，孔子被抬出来作为道统的创始者，因之得到"素王"的尊号。传承道统的被称为师儒——"道在师儒"。

传说中的孔子身世正可以看成这道统和政统分离的象征。从政治结构的演变说，从部落的文化英雄燧人、神农，传到部落的政治领袖五帝，再传到封建的帝国——这个系统：三皇、五帝、尧、舜、禹、汤、文、武，都是在其位，谋其事的；在儒家对于这些标准政治人物的推崇上看去，可以说，他们是知道政治规范而同时又是实际在这规范里治理天下的。那是道政合一的时代。但是接下去，儒家却推出了个周公。他们推崇周公，在我这里所要提出来的理论上看去，是有很重大意义的。周公在封建宗法上是并没有得到最高权力资格的王叔，但是他却执了政，他的摄政固然并没有改变当时的政治结构，但是却些微发生了一点变化，就是在实位的人如果没有能力，可以由有能力，知道怎样去治理天下的人去代替，这些微的变化推论下去，政统和道统成了可以分离的两件事了。也许就是这一点意义，使孔子的潜意识里念念不能忘记这位周公了。在关于周公的传说里，政统和道统在事实上固然没有多大的距离，王叔在宗法上本是有地位的，而且摄政也是很普通的办法，但是后来在儒家所承认的标准统治系列中，却在文、武之后连接着周公，由周公引出孔子，构成了和政统分离的道统。

道统和政统的分离，依儒家的传说看去，要到孔子才完成。这位"素王"据说也是贵族之后，但是离开贵族的系统太远，在封建体系中，是微不足道的。在这一点他是不能和周公相比的。依宗法来决定政治权力的所属时，孔子是无法从血统的身份上得到任何"统治"的。于是神话性的传说发生了，这传说的作用是在为"素王"找一个离开封建系统的来源。《史记》上对孔子的身世就露出可疑之意。先说是"野合"，再说是他母亲不把父亲的墓地告诉他，后来他母亲死了，才从别人那里打听出来，使父母合葬。当时的人也很怀疑他的身份："季氏飨士，孔子与往。"——这是说孔子自认是贵族之后——可是"阳虎绌曰：'季氏飨士，非敢飨子也'"——这是说不承认他。后来《史记》上又说"祷于尼丘得孔子"——这是神授。由出身的可疑，进而找到神话性的来源，更进一步又有"履大人迹"的说法。

这段神话的作用是要为孔子的道统找来源。这里表示孔子并不是从贵族血统中获得他的地位的，并不直接来自政统，但是他的地位却并不低于有位的王，因为他是"素王"，"素王"是授命于天。从这位素王推出另一系列的人物，这一系列是道统，和实际得政权的政统不同。两者分离了。

用之则行、舍之则藏的卫道者

实际执政的系列——政统——和知道应该这样统治天下的系列——道统——的分别是儒家政治理论的基础，也是中国传统政治结构中的一个重要事实。这和西洋中古时代的政治和宗教的分权有相似之处，但也不完全相同。在理论上，耶稣说："凯撒的物当归给凯撒，上帝的物当归给上帝。"他也是指权力的双重系统。有一次祭司长和文士并长老责问耶稣："你仗着什么权柄做这些事"？耶稣回问他们："约翰的洗礼是从天上来的，是从人间来的？"这些人不肯回答。耶稣说："我也不告诉你们我仗着什么权柄做这些事。"——这里说明了在耶稣的眼睛里做事的权柄有两：一种是从天上来的，一种从人间来的。两者可以并行。但是欧洲中古的历史里人间的权力却降服在天上的权力之下，降服在宗教之下的是皇权。政教分离的结果是民权的抬头。在西洋政治意识中，权力不从天上来就得从人间来，人间即是民间；在他们似乎不易有"天纵神明"的自足的皇权。

在中国，孔子也承认权力的双重系统，但是在他看来，这两个系统并不在一个层次里，它们不是对立的，也不必从属的，而是并行的，相辅的，但不相代替的。凯撒的一个系统，就是政统，是相同的，而另一系统在西洋是宗教，或是教统；在中国却并不是宗教，是道统。有人把儒家看成宗教，或是无神之教，因为它自成一个系统，不过这系统和教统有性质上的区别，区别也不只是理论里有没有个神，而且在和人类行为的关系上。耶稣的确用一种"权柄"，做一些"事"，因之在大家要做事的领域里，上帝和凯撒最后还是会冲突的。冲突的结果是有一个克服另一个。在儒家道统是一个"理"，一个应当这样做的规范，一个依着这样做就能王天下的路子，并不是"事"，因为按不按理做和有没有理是分得开的。事归政统，而理则归道统。这一点孔子说得很清楚：

> 孔子曰："回，《诗》云：'匪兕匪虎，率彼旷野。'吾道非耶，吾何为于此？"颜回曰："夫子之道至大，故天下莫能容。虽然，夫子推而行之，不容何病？不容然后见君子。夫道之不修也，是吾丑也。夫道既已大修而不用，是有国者之丑也。不容何病？不容然后见君子。"孔子欣然而笑曰："有是哉！颜氏之子，使尔多财，吾为尔宰。"

这里说明事实上在"匪兕匪虎，率彼旷野"的乱世，道还是可以"既已大修"的，那是说事与道是两回事，道是可以离事而修的。道修之后，用道于事，并不是"不在其位"的人的责任，而是"有国者"的责任。"有国者"可以用道，也可以不用道；"不在其位"的维持道统者可以设法"推而行之"，以见"容"于有国者，但是却不能直接行于事。所以"推而行之"只在取得有国者的"用之"的一层里，而并不进入"仗着权柄，做这些事"的一层里。政统和道统，一是主动，一是被动；站在被动的地位才会有"用之则行，舍之则藏"。用舍是有权的，行藏是无权的。

在持执规范的人看去，实际的政治有些和有时是合于规范的。有些和有时是不合于规范的，于是分出"邦有道"和"邦无道"。尧舜是有道的例子，桀纣是无道的例子。皇权可以失道，当失道之时，卫道的人并没有意思去改正它，只要勤于自修，使这规范不湮灭。依孔子的看法，明白规范的人可以在被用的时候把道拿出来，不被用的时候好好地把道藏好。师儒就是和这道统不相离的人物。皇权和道接近时，师儒出而仕，皇权和道分离时，师儒退而守。所以他一再说：

> 笃信好学，守死善道。危邦不入，乱邦不居。天下有道则见，无道则隐。邦有道，贫且贱焉，耻也；邦无道，富且贵焉，耻也。
>
> 邦有道毂；邦无道毂，耻也。
>
> 直哉史鱼！邦有道如矢，邦无道如矢；君子哉蘧伯玉！邦有道则仕，邦无道则可卷而怀之。

道统消极地等待机会

关键是在政统和道统怎样接得通。师儒的理想是王道，王道可以说就是政统加道统。怎么去实现这理想呢？这里埋着孔子的矛盾。他是封建的后裔，他注意社会秩序，一个定于一尊，按着礼治的秩序，静态的社会。封建的传统使他想不到政统可以脱离血统，静态的理想使他厌恶改变社会结构的革命，这是这过渡人物的上半身。因之他对于政统是看成既成和不变的因素。可是同时他又以道统自负，死守那个王天下的理，也是不能变的。关于这一层子贡曾劝过孔子，而孔子很固执。

> 子贡曰："夫子之道至大也，故天下莫能容夫子。夫子盍少贬焉？"
>
> 孔子曰："赐，良农能稼而不能穑；良工能巧而不能顺；君子能修其道，纲而纪之，统而理之，而不能为容。今尔不修尔道，而求为容，赐，而志不远矣。"

这样说来，这两个不变的因素怎能碰头呢？于是要碰机会了。一方面要有耐性地等待，一方面要不辞劳苦地游说。他等待的心情在和子贡的谈话中说得很露骨：

子贡曰："有美玉于斯：韫椟而藏诸，求善贾而沽诸？"子曰："沽之哉，沽之哉，我待贾者也。"

孔子的周游列国，据《史记》，他曾"干七十余君"。"君命召，不俟驾行矣。"他那种不肯错失机会的心情在下列一段《史记》的记载中更可见到：

孔子年五十，公山不狃以费畔季氏，使人召孔子。孔子循道弥久，温温无所试，莫能己用。曰："盖周文武起丰镐而王，今费虽小，傥庶几乎？"欲往。子路不说，止孔子。孔子曰："夫召我者岂徒哉？如用我，其为东周乎！"然亦卒不行。

当孔子得到了有人用他的时候，他是想做事的：

孔子年五十六，由大司冠行摄相事，有喜色。门人曰："闻君子祸至不惧，福至不喜。"孔子曰："有是言也。不曰'乐其以贵下人乎？'"于是诛鲁大夫乱政者少正卯。与闻国政三月，粥羔豚者弗饰贾，男女行者别于途，途不拾遗，四方之客至乎邑者不求有司。

但是像孔子所代表的儒家在别人眼中却是："滑稽而不可轨法，倨傲自顺，不可以为下。崇丧遂哀，破产厚葬，不可以为俗。游说乞贷，不可以为国。"所以尽管有耐性，尽管到处碰机会，与闻政事的机会还是不多。即使碰着了，如果不把政统屈服，还是没有把握使王道能继续下去的。孔子自己还是"优哉游哉，维以卒岁"地离开了鲁国。他感慨地想"乘桴浮于海"。但是如果他真的"三年有成"，怎样呢？他在窦鸣犊、舜华之死看到了所谓学而仕的师儒人物的结局了：

孔子……临河而叹曰："美哉水，洋洋乎！丘之不济此，命也夫！"子贡趋而进曰："敢问何谓也？"孔子曰："窦鸣犊、舜华，晋国之贤大夫也。赵简子未得志之时，须此两人而后从政。及其已得志，杀之乃从政。丘闻之也：刳胎杀夭，则麒麟不至郊；竭泽涸渔，则蛟龙不合阴阳；覆巢毁卵，则凤凰不翔。何则？君子讳伤其类也。夫鸟兽之于不义也，尚知辟之，而况乎丘哉！"

可是这教训并不能改变孔子对政权的消极态度，因为他和以后的士大夫一般认为"道理"可以存在于"真际"，不必一定要出现于"实际"。让我再引一段《史记》来点出这种儒家的根本的看法：

> 及西狩见麟，曰："吾道穷矣！"喟然叹曰："莫知我夫！"子贡曰："何为莫知子？"子曰："不怨天，不尤人，下学而上达，知我者其天乎！"
>
> "不降其志，不辱其身，伯夷、叔齐乎！"谓"柳下惠、少连降志辱身矣"。谓"虞仲、夷逸隐居放言，行中清，废中权"。"我则异于是，无可无不可。"
>
> 子曰："弗乎弗乎，君子病殁世而名不称焉。吾道不行矣，吾何以自见于后世哉？"乃因史记作《春秋》。

《春秋》是一部政治典范，但存在于真际，不必存在于实际的。所谓道统和政统也就平行着。孔子的尊号是"素王"，这个没有位的"王"是中国政治概念中的特色，这也是我所谓士大夫没有握过政权的意思。素王的后裔是师儒。

奉天以约制皇权企图的流产

道统如果永远不能控制政统，尽管在道统的立场骂这些失道的有国者不知耻，政统自己并不觉得如此。邦无道时，师儒们固然不妨把道卷而怀之，可是其如苍生乎？师儒们尽可以说："天之未丧斯文也，匡人其如予何？"但是同样可能的是："天之将丧斯文也，后死者不得与于斯文也。"这是说师儒们并不是月亮上的人物：世界上好，下一次凡；世界不好，怫然上天。皇权的统治是"率土之滨，莫非王臣"。道统可以自求不辱地合则留，不合则去。政统却"有着权柄做这些事"，它可以焚书坑儒，可以兴文字狱，可以干涉道统。孔子的矛盾并没有解决。只要是在一个世界上，道统和政统在实际上是无法各行其是的。道统不争政统，政统却可压迫甚至消灭道统。如果情形是这样，师儒们怎么办呢？积极的出路是走上西洋的方向，制约皇权，把政统压在道统之下。但这和封建里所养成的传统不合，在中国过去的历史上并没有采取过，所采取的却是另一套。

孔子呼天，这个天是空洞的，即使有知也是不干涉人事的。可是在到了道统被压迫得没有翻身的时候，这个天却被请出来干涉人事了。孔子的道统是没有权柄的，不做什么事的，做事的只有政统。但到了董仲舒手里，道统却直接通了一个干涉人事的天了。孔子的《春秋》和董仲舒的《春秋》因之也有了这基本的差别。董仲舒吓唬皇权说：

> 臣谨案《春秋》之中，视前世已行之事，以观天人相与之际，甚可畏也。国家将有失道伤败，而天乃先出灾害以谴告之；不知自省，又出怪异以警惧之；尚不知变，而伤败乃至。以此见天心之仁爱人君，而欲止其乱也。

> 臣谨案《春秋》之文，求王道之端，得之于正。正次王，王次春。春者天之所为也，正者王之所为也。其意曰：上承天之所为，而下以正其所为，正王道之端云尔……孔子曰：凤鸟不至，河不出图，吾已矣夫。自悲可致此物，而身卑贱，不能致也。今陛下贵为天子，富有四海，居得致之位，操可致之势，又有能致之资，行高而恩厚，知明而意美，爱民而好士，可谓谊主矣。然而天地未应，而美祥莫至者，何也？凡以教化不立，而万民不正也……故南面而治天下，莫不以教化为大务，立太学以教于国，设庠序以化于邑。

在董仲舒的公式里上是天，中是皇，次是儒，末是民。他抬出天来压倒皇权，使皇权得有所畏。谁知道天意的呢？那是师儒。他特别注重师道，师道必须归于一统，然后才能代表天意。这一点和从民意去看天意的民主萌芽是不同的，虽则大家都保留着听不听天意的权柄给皇权。依着董仲舒所代表的天人之际的符兆主义，师儒不过是帮着皇权去应天。天要降刑罚时，并不用民，而用自然的灾异，先是警告，然后是打击。在这套理论中，虽则对皇权增加了一项压力，但是利用这压力的并非师儒，更非人民。

如果董仲舒再走一步，也许可以到宗教的路子上去，就是由师儒来当天的代表，成为牧师，或主教。师儒再加组织，形成一个教会，获得应归于上帝的归之于教会的权柄，发展下去，可以成为西方的政教关系。但是这并没有发生在中国历史上。董仲舒的灾异说发展到不利于皇权时，先就受到压迫。

> 仲舒治国，以春秋灾异之变，推阴阳所以错行。故求雨闭诸阳，纵诸阴；其止雨，反是。行之一国，未尝不得所欲……先是，辽东高庙长陵高园殿灾，仲舒居家，推说其意，草稿未上。主父偃候仲舒私见，嫉之，窃其书而奏焉。上召视诸儒。仲舒弟子吕步舒，不知其师书，以为大愚。于是下仲舒吏。当死，诏赦之。仲舒遂不敢复言灾异。

灾异论虽则没有做到控制皇权之功，但是给民间一个重大的刺激，因为这种理论把皇权的绝对性给打击了。如果"天厌之"时，皇权就得改统。于是在汉之后，每一次皇权的动摇，农民的暴动都得借符瑞来取信于民。这也表示了这种理论被民间所接受的情形。灾异论成了改统的根据，但没有改变皇权的性质。

道统的屈服

和董仲舒同时的，徙董仲舒到胶西去的阴谋家公孙弘，也是学《春秋》的儒者。但是他却另开出一条纳师儒入官僚的道路。在当时正统的儒林看来是出卖了孔子卫道的传统，不肯迁就皇权的九十老人辕固生，罢归的时候，公孙弘侧目而视固。固曰："公孙子务正学以言，无曲学以阿世！"师儒有着维持道统的责任，不能投机。但是以曾做过狱吏，又牧过豕以卒伍身份致显朝廷，封为列侯，做到宰相的公孙弘却并不这样看。他看到的是出卖道统，屈服于皇权的投机利益。其实这是早就注定的命运：孔子的矛盾，只有两个可能的解决，一是道统制服政统，一是政统制服道统。辕固生、董仲舒不肯屈服，被放逐了；公孙弘屈服了，做到宰相。

公孙弘所主张的是由皇权来利用师儒去统治人民。他说：

> 夫虎豹马牛禽兽之不可制者也，及其教驯服习之，至可牵持驾服，唯人之从。臣闻揉曲木者不累日，销金石者不累月。夫人之于利害好恶，岂比禽兽木石之类哉？期年而变。

公孙弘的"做官"、"事上"也开了官僚的风气。《汉书》里描写得很逼真：

> 每朝会议，开陈其端，使人主自择，不肯面折廷争。于是上察其行慎厚，辩论有余。习文法吏事，缘饰以儒术，上说之。
>
> 弘奏事，有所不可，不肯廷辩，常与主爵都尉汲黯请问。黯先发之，弘推其后。上常说，所言皆听。
>
> 尝与公卿约议。至上前皆背其约，以顺上指。汲黯廷诘弘曰："齐人多诈而无情，始与臣等建此议，今皆背之，不忠。"上问弘。弘谢曰："夫知臣者以臣为忠，不知臣者以臣为不忠。"上然弘言。
>
> 汲黯曰："弘位在三公，奉禄甚多。然为布被，此诈也。"
>
> 弘自见为举首起，徒步数年至宰相封侯。于是起客馆，开东阁以延贤人，与参谋议。弘身食一肉脱粟饭。故人宾客仰衣食，奉禄皆以给之，家无所余。
>
> 然其性意忌外宽内深。诸常与弘有隙，无近远虽阳与善，后竟报其过。杀主父偃，徙董仲舒胶西，皆弘力也。

这是一个不讲原则，揣摩上意，不守信用，出卖朋友，沽名钓誉，阴结私党，维持高位的形式，一直到现在还是我们常见的官僚面目。

从公孙弘所开创的官僚路线上，孔子所维持的道统，已不复成为王天下的规范而成了歌功颂德支持皇权的饰词了。韩愈虽则自以为是开八代之衰，直承道统的人物，而他的道统却完全变了质了。在他的《诤臣论》中简直把诤谏的意义训作了为皇帝获取美誉的手段了。他说：

> 夫阳子，本以布衣隐于蓬蒿之下，主上嘉其行谊，擢在此位，官以谏为名，诚宜有以奉其职，使四方后世知朝廷有直言骨鲠之臣，天子有不僭赏、从谏如流之美。庶岩穴之士闻而慕之，束带结发，愿进于阙下，而伸其辞说，至吾君于尧舜，熙鸿号于无穷也。

韩愈已不再问皇权是否合于道，这已不是他的问题。政统既然即是道统，皇帝就有责任起用这些士人，士人也有责任自荐于朝廷。两者也应合而为一。

他的理由是这样：

> 古之士，三月不仕则相吊，故出疆必载贽，然所以重于自进者，以其于周不可则去之鲁，鲁不可则去之齐，于齐不可则去之宋，之郑，之秦，之楚也。今天下一君，四海一国，舍乎此则彝狄矣，去父母之邦矣。故士之行道者，不得于朝，则山林而已矣。山林者士之所独善自养，而不忧天下者之所能安也，如有忧天下之心，则不能矣。

他甚至责备四十余日不复他自荐信的宰相说：

> 今虽不能如周公之吐哺握发，亦宜引而进之，察其所以而去就之，不宜默默而已也。

从韩愈自承的道统起，中国之士，已经不再论是非，只依附皇权来说话了。所谓师儒也成了乡间诵读圣谕的人物了。

师儒和政权的关系曾有着这一段演变的历史。最初是从政统里分离出来，成为不能主动顾问政事的卫道者。这个不能用自己力量去维护自己利益的中层阶级，在皇权日渐巩固和扩大的过程中，曾想过借传统的迷信，或是思想体系，去约制这随时可以侵犯他们利益的皇权，但是在中国显然并没有成功。于是除了反抗只有屈服。士大夫既不是一个革命的阶级，他们降而为官僚，更降而为文饰天下太平的司仪喝彩之流。这一段演变的历史也许可以帮助我们了解绅士在政治结构里的地位。他们并不是积极想夺取政权为己用的革命者，而是以屈服于政权以谋得自己安全和分润一些"皇恩"的帮闲和帮凶而已，在政治的命运上说，他们很早就是个失败者了。

论皇权

吴 晗

谁在治天下

在论社会结构里所指的皇权，照我的理解应该是治权。历史上的治权不是由于人民的同意委托，而是由于凭借武力的攫取、独占。也许我所用的"历史"两个字有语病，率直一点说，应该修正为"今天以前"。我的意思是说，在今天以前，任何朝代任何形式的治权，都是片面形成的，绝对没有经过人民的任何形式的同意。

假如把治权的形式分期来说明，秦以前是贵族专政，秦以后是皇帝独裁，最近几十年是军阀独裁。皇权这一名词的应用，限于第二时期，时间的意义是从公元前221到公元1911，有两千一百多年的历史。

皇权是今天以前治权形式的一种，统治人民的时间最长，所加于人民的祸害最久，阻碍社会进展的影响最大，离今天最近，因之，在现实社会里，自觉的或不自觉的毒素中得也最深。例子多得很，袁世凯不是在临死以前，还要过83天的皇帝瘾吗？溥仪不是在逊位之后，还在宫中做他的皇帝，后来又跑到东北，在日本卵翼之下，建立伪满洲国，做了几年康德皇帝吗？不是一直到今天，乡下人还在盼望真命天子坐龙庭，少数的城里人也还在想步袁世凯的覆辙吗？

在封建的宗法制度下，无论是贵族专政，是皇帝独裁，是军阀独裁，都是以家族做单位来统治的，都是以血统的关系来决定继承的原则的。一家的家长

（宗主）是统治权的代表人，这一家族的荣辱升沉，废兴成败，一切的运命决定于这一个代表人的成败。在隋代有一个笑话，说是某地的一个地主，想做皇帝，招兵买马，穿了龙袍，占了一两个城市，战败被俘，在临刑时，监斩官问他，你父亲呢？说太上皇蒙尘在外。兄弟呢？征东将军死于乱军之中，征西将军不知下落。他的老婆在旁骂："都是这张嘴，闹到如此下场！"他说："皇后，崩即崩耳，世上岂有万年天子？"说完伸脖子挨刀，倒也慷慨。这一个历史故事指出为了做几天、做一两个城市的皇帝，有人愿意付出一家子生命的代价。为了这一家子的皇权迷恋，又不知道有几百千家被毁灭、屠杀。

"成则为王，败则为寇。"流氓刘邦，强盗朱温，流氓兼强盗的朱元璋，做了皇帝，建立皇朝以后，史书上不都是太祖高皇帝吗？谥法不都有圣神文武钦明启运俊德成功，或者类此的极人类好德性的字眼吗？黄巢、李自成呢？失败了，是盗、是贼、是匪、是寇，尽管他们也做过皇帝。旧史家是势利的。不过也说明了一点，在旧史家的传统概念里，军事的成败决定皇权的兴废，这一点是无可置疑的。

皇帝执行片面的治权，他代表着家族的利益，但是，并不代表家族执行统治。换言之，这个治权，不但就被治者说是片面强制的，即就治者集团说，也是独占的、片面的。即使是皇后、皇太子、皇兄皇弟，甚至太上皇、太上皇后，就对皇帝的政治地位而论，都是臣民，对于如何统治是不许参加意见的；一句话，在家庭里，皇帝也是独裁者。正面的例子，如刘邦做了皇帝，他老太爷依然是平民，叩了人的教，让刘邦想起，才尊为太上皇，除了过舒服日子以外，什么事也管不着。反面的例子，石虎的几个儿子过问政事，一个个被石虎所杀。李唐创业是李世民的功劳，虽然捧他父亲李渊做了些年皇帝，末了还是来一手逼宫，杀兄屠弟，硬把老头子挤下宝座。又如武则天要做皇帝，杀儿子、杀本家，一点也不容情。宋朝的基业是赵匡胤打的，兄弟赵匡义也有功劳，赵匡胤做皇帝年代太久了，"烛影斧声"，赵匡义以弟继兄。后来赵匡胤的长子德昭，在北征后请皇帝行赏，也只是一个建议而已，匡义大怒说，等你做皇帝，爱怎么办就怎么办。一句话逼得德昭只好自杀。从这些例子，可以充分说明皇权的独占性和片面性。权力的占有欲超越了家庭的感情，造成了无数骨肉相残的史例。

皇帝不和他的家人共治天下，那么，到底和谁共治呢？有一个著名的故事，可以答复这个问题，和皇帝治天下的是士大夫。故事的出处是宋李焘《续资治通鉴长编卷二二一》：

> 熙宁四年（1071）三月戊子，上召二府对资政殿，文彦博言："祖宗汉制具在，不须更张，以失人心。"上曰："更张法制，于士大夫诚多不悦，然于百姓何所不便？"彦博曰："为与士大夫治天下，非与百姓治天下也。"上曰："士大夫岂尽以更张为非？亦自有以为当更张者。"

这故事的有意义在于：第一，辩论的两方都同意，皇权的运用是与士大夫治天下，非与百姓治天下。第二，文彦博所说的失人心，宋神宗承认是于士大夫诚多不悦，人心指的是士大夫的心。第三，文彦博再逼紧了，宋神宗就说士大夫也有赞成新法的，不是全体反对。总之，尽管双方对于如何巩固皇权——即保守地继承传统制度或改革地采用新政策——的方案有所歧异，但是，对于皇权是与士大夫治天下，皇权所代表的是士大夫的利益，决非百姓的利益，这一基本的看法是完全一致的。

那么，为什么皇帝不与家人治天下，反而与无血统关系的外姓人士大夫治天下呢？理由是家人即使是父子兄弟夫妇，假如与皇帝治天下的话，会危害到皇权的独占性、片面性，"太阿倒持"是万万不可以的。其次，士大夫是帮闲的一群，是食客，他们的利害和皇权是一致的，生杀予夺之权在皇帝之手，做耳目，做鹰犬，六辔在握，驱使自如，士大夫愿为皇权所用，又为什么不用？而且，可以马上得天下，不能以马上治天下，马上政府是不存在的。治天下得用官僚，官僚非士大夫不可，这道理不是极为明白吗？

士大夫治天下也就是社会结构里的绅权，这问题留在论绅权时再说。

皇权有约束吗

皇权有没有被约束呢？费孝通先生说有两道防线，一道是无为政治，使皇权有权而无能；一道是绅权的缓冲，在限制皇权，使民间的愿望能自下上达的作用上，绅权有它的重要性（这条防线不但不普遍，而且不常是有效的）。于此，我们来讨论费孝通先生所指的第一道防线。

假如费先生所指的无为政治的意义，即是上文所引的文彦博的话："祖宗法制具在，不须更张。"因承祖先的办法，不求有利，但求无弊，保守传统的政治原则，我是可以同意的。或者如另一例子，《汉书·曹参传》说他从盖公学黄老治术，相齐九年，大称贤相，萧何死，代为相国，一切事务，无所变更，都照萧何的老办法做，择郡国吏谨厚长者做丞相史，有人劝他做事，就请其喝酒，醉了完事。汉惠帝怪他不治事，他就问："你可比你父亲强？"说："差多了。""那么，我跟萧何呢？""也似乎不如。"曹参说："好了。既然他俩都比我俩强，他俩定的法度，你，垂拱而治，少管闲事；我，照老规矩做，不是很好吗？"这是无为政治典型的著例。这种思想，一直到 17 世纪前期，像刘宗周、黄道周一类的官僚学者，还时时以"法祖"这一名词，来劝主子恪遵祖制。假如无为政治的定义是法祖，我也可以同意的。

成问题的是无为政治并不是使皇帝有权而无能的防线。

相反，无为政治在官僚方面说，是官僚做官的护身符，不求有功，但求无过，好官我自为之，民生利弊与我何干？因循、敷衍、颟顸、不负责任等官僚作风，都从这一思想出发。一句话，无为政治即保守政治，农村社会的保守性、惰性，反映到现实政治，加上美丽的外衣，就是无为政治了（关于这一点，无为政治和农业的关系，我在另一文章《农业与政治》上谈到）。

在皇帝方面说，历史上的政治术语是法祖。法祖的史例很多，一类如宋代的不杀士大夫，据说宋太祖立下遗嘱"不杀士大夫"。从太祖以后，大臣废逐，最重的是过岭，即谪戍到岭南去，没有像汉朝那样朝冠朝衣赴市，说杀就杀，不是下狱，就是强迫自裁。甚至如明代的夏言正刑西市。为什么宋代特别优礼士大夫呢？因为宋代皇帝是"与士大夫治天下"的缘故。一类例如明代的东西厂和锦衣卫两个恐怖的特务机构，卫是明太祖创设的，厂则从明成祖开头，这两个机构作的孽太多了，配说祸"国"殃民（这个"国"严格的译文是皇权），反对的人很多，当然以士大夫为主体，因为士大夫也和平民一样，在厂卫的淫威之下战栗恐惧。可是在祖制的大帽子下，这两个机构始终废除不掉。到明代中期，士大夫们不得已而求其次，用祖制来打祖制，说是祖制提人（逮捕）必须有驾帖或精微批文（逮捕状），如今厂卫任意捉人，闹得人人自危，要求恢复祖制，提人得凭驾帖；这样，两个祖制打了架，士大夫们在逻辑上已经放弃原来的立场，默认特务可以逮捕官民，只不过要有逮捕状罢了。前一例因为与士大夫治天下，所以优礼士大夫，政治上失宠失势的不下狱，不杀头，只是放逐到气候风土特别坏的地方，让他死在那里（宋代大臣过岭生还的是例外），从而争取士大夫的支持。后一例子，时代不同了，士大夫不再是伙计，而是奴才，要骂就骂，要打就打，廷杖啦、站笼啦、抽筋剥皮，诸般酷刑，应有尽有，明杀暗杀，情况不同，一落特务之手，决无昭雪之望，祖制反而成为残杀士大夫的工具了。

从这类例子来看，无为政治——法祖并不是使皇权有权而无能的防线。

从另一方面看，祖先的办法、史例，有适合于提高或巩固皇权的，历代的皇帝往往以祖制的口实接受运用。反之，只要他愿意做什么，就不必管什么祖宗不祖宗了。例如要加收田赋，要打内战，要侵略边境弱小民族，要盖宫殿等，一道诏书就行了。好像明武宗要南巡，士大夫们说不行，祖宗没有到南边去玩过，不听，集体请愿，大哭大闹，明武宗发了火，叫都跪在宫外，再一顿板子，死的死，伤的伤，无为政治不灵了，年青皇帝还是到南边去大玩了一趟。

那么，除祖宗以外，有没有其他的制度或办法来约束或防止皇权的滥用呢？我过去曾经指出，第一有敬天的观念，皇帝在理论上是天子，人世上没有比他再富于威权的人，他做的事不会错，能指出他错的只有比他更高的上帝。上帝怎么来约束他的儿子呢？用天变来警告，例如日食、山崩、海啸以及风、水、火灾、疫疠之类都是。从《洪范》发展到诸史的《五行志》，从董仲舒的学说发展到刘向的灾异论，天人合一，天灾和人事相适应，士大夫们就利用这个来做政治失态的警告。但是，这着棋是不灵的，天变由你变之，坏事还是要做，历史上虽然有在天变时，做皇帝的有易服、避殿、素食、放囚，以至求直言的诸多记载，也只是宗教和政治合一的仪式而已，对实际政治是不能发生改变的。

第二是议的制度，有人以为两汉以来，国有大事，由群臣集议，博士儒生都可发表和政府当局相反的意见，以至明代的九卿集议，清代的王大臣集议，是庶政公之舆论，是皇权的约束。其实，并不如此。第一，参加集议的都是官僚，都是士大夫。第二，官高的发言的力量愈大。第三，集议的正反结论，最后还是取决于皇帝个人。第四，议只是皇权逃避责任的一种制度，例如清代雍正帝要杀他的兄弟，怕人说闲话，提出罪状叫王大臣集议，目的达到了，杀兄弟的道德责任由王大臣集议而减轻。由此，与其说这制度是约束皇权的，毋宁说它是巩固皇权的工具。

此外，如隋唐以来的门下封驳制度、台谏制度，在官僚机构里，用官僚代表对皇帝诏令的同意副署，来完成防止皇权滥用的现象，一切皇帝的命令都必须经过中书起草，门下审核封驳，尚书施行的连锁行政制度，只存在于政治理论上，存在于个别事例上。所谓"不经凤阁鸾台，何谓为敕"？诏令不经过中书门下的，不发生法律效力。可是，说这话的人，指斥这手令（黑敕斜封）政治的人，就被这个手令所杀死，不正是对这个制度的现实讽刺吗？又如谏官，职务是对人主谏诤过举，听不听是绝无保证的，传说中龙逢、比干谏而死，是不受谏的例，史书上的魏徵、包拯直言尽谏，英明的君主如唐太宗、宋仁宗明白谏官的用意是为他好，有受谏的美名，其实，不受谏的史例更多。谏诤的目的在于维护政权的持续，说是忠君爱主，其实也就是爱自己的官位、财产，因为假如这个皇权垮了，他们这一集团的士大夫也必然同归于尽也。

从上文的说明，所得到的结论，皇权的防线是不存在的。虽然在理论上，在制度上，曾经有过一套以巩固皇权为目的的约束办法，但是，都没有绝对的约束力量。

假如从另一角度来看，上文所说的这一些，也许正是费孝通先生所说的绅权的缓冲。不同的是我所指的这一些并不代表民间的愿望，至多只能说是士大夫的愿望，其方向也不是由下而上的，而是皇权运用的一面。这些约束不但不普遍，而且是常常无效的。

论绅权

吴　晗

"绅权固当务之急矣!"

前几天，读到胡绳先生的《梁启超及其保皇党思想》。[①]他指出梁启超是主张"兴绅权"的人，以兴绅权为兴民权的前提：

> 受甲午之战失败的刺激，又受维新运动宣传的影响，湖南省出现了一批新的绅士，他们企图以一省为单位实行一些新政，达到省自治的目的，以便在全国危亡时，一省还可自保。这样的想法在当时各省的绅士门阀中都有，不过在湖南，因地方长官同情卵翼这些想法，所以特别发达。梁启超入湘后，除办时务学堂外，又和当地绅士合组南学会。康有为这时仍全神贯注于向皇帝上书，而梁启超则展开了在湖南绅士中的工作。他甚至鼓吹"民权"，但他说的却是："欲兴民权，宜先兴绅权，欲兴绅权，宜以学会为其起点。"又说："绅权固当务之急矣，然他日办一切事舍官莫属也。即今日欲开民智，开绅智，欲假手于官力者尚不知凡几也。"[②]——由此可见，他的想法是在官僚的支持下建立地方绅士的权力，这就是他的"民权"思想。

这一段话不但清理出五十年前梁启超的绅权论，也指出五十年前一般绅士对救亡维新的看法。其要在"欲兴民权，宜先兴绅权（开绅智），欲先兴绅权，宜以学会为之起点"。结论是学会为兴民权之起点的起点，而办这些事，欲假手于官力者不知凡几也。

梁启超先生本人是当时的绅士，他看绅权和民权是两件事，绅权和官权则是一件事，无论就历史的或现实的意义说，都是正确的。

五十年前的保皇党，五十年后的自由主义者，何其相似到这步田地？历史是不会重演的，绅权也无从兴起，即使有更多的"援"，更多的"贷"，也还是不相干！

"为与士大夫治天下"

官僚、士大夫、绅士，是异名同体的政治动物，士大夫是综合名词，包括官僚、绅士两专名。官僚、绅士必然是士大夫，士大夫可以指官僚说，也可以指绅士说。官僚是士大夫在官时候的称呼，而绅士则是官僚离职、退休、居乡（当然居城也可以），以至未任官以前的称呼。例如梁启超以举人身份，在办学堂，办报，办学会，非官非民，可以做官，或将要做官。而且，已经脱离了平民身份，经常和官府来往，可以和官府合作。

绅士的身份是可变的，有尚未做官的绅士，有做过多年官的绅士，也有做过了官的绅士，免职退休，不甘寂寞，再去做官的。做过大官的是大绅士，做过小官的是小绅士，小官可以爬到大官，小绅士也有希望升成大绅士，自己即使官运不亨，还可指望下一代。不但官官相护，官绅也相护，不只因为是自己人，还有更复杂的体己利害关系。譬如绅士的父兄亲党在朝当权，即使不是权臣，而是御史之类有弹劾权的官咧。更糟的是居乡的宰相公子公孙，甚至老太爷、老岳丈，一纸八行，可以摘掉地方官的印把子，这类人不一定做过官，甚至不一定中过举，一样是大绅士。至于秀才举人进士之类，眼前虽未做官，可是前程远大，十年八年内难保不做巡方御史，以至顶头上司，地方官是决不敢怠慢的。《儒林外史》上范进中举后的情形，便是绝好的例子。

以此，与其说绅士和地方官合作，不如说地方官得和绅士合作。在通常的情形下，地方官到任以后的第一件事，是拜访绅士，联欢绅士，要求地方绅士的支持。历史上有许多例子指出，地方官巴结不好绅士，往往被绅士们合伙告掉，或者经由同乡京官用弹劾的方式把他罢免或调职。

官僚是和绅士共治地方的。绅权由官权的合作而相得益彰。

贪污是官僚的第一德性，官僚要如愿地发扬这德性，其起点为与绅士分润，地方自治事业如善堂、积谷、修路、造桥、兴学之类有利可图的，照例由绅士担任；属于非常事务的，如办乡团，救灾，赈饥，丈量土地，举办捐税一类，也非由绅士领导不可。负担归之平民，利益官绅合得，两皆欢喜，离任时的万民伞是可以预约的。

上面所说的地方自治事业，和现代所谓"自治"意义不同，不容混为一谈。而且，这类事业名义上是为百姓造福，实质上是为官僚绅士聚财，假使确曾有一丝丝利及平民的话，那也只是漏出来的涓滴而已。现代许多管税收的衙门，墙上四个大字"涓滴归公"，正确的解释是只有一涓一滴归公，正和这个情形一样。

往上更推一层，绅士也和皇权共治天下。

绅权和皇权的关系，即士大夫的政治地位在历史上的变化，大体上可以分三个时期，第一时期从秦到唐，第二时期从五代到宋，第三时期从元到清。当然这只是大概的划分，并不包含有绝对的年代意义。

具体的先从君臣的礼貌来说吧，在宋以前，有三公坐而论道的说法，贾谊和汉文帝谈话，不觉膝之前席，可见都是坐着的。唐初的裴监（裴寂）甚至和高祖共坐御榻，十八学士在唐太宗面前也都还有坐处。可是到宋朝，便不然了，从太祖以后，大臣在皇帝面前无坐处，一坐群站，三公群卿立而论政了。到明清，不但不许坐，站着都不行，得跪着奏事了，清朝大官上朝得穿特制的护膝，怕跪久了吃不消。由坐而站而跪，说明了三个时期君臣的关系，也说明了绅权的逐步衰落和皇权的节节提高。

从形式再说到本质。

前一时期的典型例子是魏晋六朝的门阀制度。

汉代的若干世宦家族，如关西杨氏、汝南袁氏之类，四世三公，门生故吏遍天下，庄园遍布州县，奴仆数以千计，有雄厚的经济基础。在黄巾动乱时代，地方豪族如孙策、马超、许褚、张辽、曹操之类，为了保持土地和特殊权益，组织地主军队保卫乡里，造成力量，有部曲，有防区，小军阀投靠大军阀，三个大军阀三分天下，这两类家族也就占据高位，变成高级官僚了。大军阀做了皇帝，这些家族原是共建皇业的，利害共同，在九品中正的选举制度下，"上品无寒门，下品无势族"，大官位为这些家族所独占。东晋南渡，司马家和王谢等家到了建康，东吴的旧族顾陆朱张诸家虽然是本地高门，因为是亡国之余，就吃了亏，在政治地位上屈居第二等。这些高门世执国政，王谢子弟更平步以至公卿，到刘裕以田舍翁称帝，陈霸先更是寒人，在世族眼光里，皇家只是暴发户，朝代尽管改换，好官我自为之。士大夫集团有其传统的政治社会经济以至文化地位、非皇权所能增损，绅权虽然在侍候皇权——因为皇帝有军队——目的在以皇权来发展绅权，支持绅权。经隋代两帝的有意摧残，取消九品中正制，取消长官辟举僚属办法，并设进士科，用公开的考试制度，以文字来代替血统任官，但是，文字教育还是要钱买的，大家族有优越的经济地位、人事关系，唐朝三百年的宰相，还是被二十个左右的家族所包办。

门阀制度下的绅权有历史的传统，在庄园的经济基础上，有包办选举的工具，甚至有依门第高下任官的制度，有依族姓高下缔婚的风气，高门华阀成为一个利害共同的集团。并且，公卿子弟熟习典章制度，治国（办例行公事）也非他们不可。在这情形下，绅权是和皇权共存的，只有两方合作才能两利。而且，皇帝人人可做，只要有军力便行。士大夫却不然，寒人门役要成为士大夫，等于骆驼穿针孔，即使有皇帝手令帮忙，也还是办不到。何事非君，绅权可以侍候任何一姓的皇权，一个拥有大军的军阀，如得不到士大夫的支持，却做不了皇帝。

考试制度代替了门阀制度，真正发挥作用是 10 世纪的事。

经过甘露之祸、白马之祸，多数的著名家族被屠杀。经过长期的军阀混战，五代乱离，幸存的士族失去了庄园，流徙各地，到唐庄宗做皇帝，要选懂朝廷典故的旧族子弟做宰相都很不容易了。宋太祖太宗只好扩大进士科名额（唐代每科平均不过三十人，宋代多至千人），用进士来治国，名额宽，考取容易，平民出身的进士在数量上压倒了残存的世族。进士一发榜即授官，进士出身的官僚绅士和皇权的关系是伙计和掌柜，掌柜要买卖做得好，得靠伙计卖劲，宋朝家法优礼士大夫，文彦博说为与士大夫共治天下，正是这个道理。

和前一时期不同的，前期的世族子弟有了庄园，才能中进士做官，再去扩大庄园。这时期呢，做了官再置庄园，名臣范仲淹置苏州义庄，派儿子讨租，讨得几船谷子便是好例子。

更应该注意的是印刷术发明了，得书比较容易，书籍的流通比较普遍，知识也比较不为少数家族所囤积独占，平民参加考试的机会增加了；"遗金满籯，不如教子一经。"念书，考进士，做官，发财，"万般皆下品，唯有读书高"。"天子重英豪，文章教尔曹。"政府的提倡，社会的鼓励，做官做绅士得从科举出身，竭一生的聪明才智去适应科举，"天下英雄入我彀中"，皇权永固，官爵恩泽，出于皇帝，士大夫不能不为皇帝所用，共存谈不上，共治也将就一下了。皇家是士大夫的衣食饭碗，非用全力支持不可，士大夫是皇家的管家干事，俸禄从优，有福同享，君臣间的距离不太近，也不太远，掌柜和伙计间的恩意是密切照顾到的。

从共存到共治已经江河日下了。元明清三代连共治也说不上，从合伙到做伙计，猛然一跌，跌作卖身的奴隶，绅权成为皇权的奴役了。

蒙古皇朝以马上得天下，也以马上治天下，军中将帅就是朝廷的官僚，军法施于朝堂，朝官一有过错，一顿棍子板子鞭子，挨不了被打死，侥幸活着照样做官。明太祖革了元朝的命，学会了这一套，殿廷杖责臣僚，叫作"廷杖"，在历史上大大有名。光打还不够，有现任官，镣足办事的，有戴斩罪办事的。不但礼貌谈不上，连生命都时刻在死亡的威胁中。皇帝越威风，士大夫越下贱，要不做官吧，有官法硬给绑出去，非做不可；再不干，便违反了皇章，"士不为君用"，得杀头。君臣的关系一变而为主奴，说是主奴吧，连起码的主子对奴才的照顾也不存在的。前朝的旧家巨室被这个党案、那个逆案给扫荡光了，土地财产被没收。老绅士绝了种，用八股文所造成的新绅士来代替，新绅士是从奴化教育里成长的，不提反抗，连挨了打都是"恩谴"，削职充军，只要留住脑袋便感谢圣恩不尽，服服帖帖，比狗还听话。到清朝，旗人对皇帝自称奴才，汉官连自称奴才的资格也不够，不但见皇帝得跪，连见同事的王爷贝勒也得跪。到西方强国来侵掠，打了几次败仗，订结了多少次屈辱条约以后，皇权动摇，洋权日盛，对皇权的自卑被洋人所代替，结果是洋权控制了皇权，洋教育代替了八股，旧士大夫改装为知识分子以及自由主义者，出奴入主，要说说洋人所说的话，要听听国外的舆论，要做做外国人所示意的，在被谴责被训斥之后，还得陪笑脸，以兴绅权为兴民权之起点，办报纸，立学会，假手于官力，为自己找"新路"，这些绅士除了服装以外，面貌是和五十年前那些人一模一样的。

绅权在历史上的三变，从共存到共治，降而为奴役，真是一代不如一代。历史说明了两千年来绅权的没落和必然的淘汰。梁启超的时代过去了，我们今天来研究这一五十年前被提出的课题，不但很有趣，也是很重要的。

关于历史上绅士所享受的特权，将在另一文中讨论。

注释

①见《读书与出版》第三年第三期

②见《上陈宝箴书》

再论绅权

吴　晗

士庶之别

唐代柳芳论魏晋以来的士族——绅士家族——在政治上的特权说：

> 魏氏立九品，置中正，尊世胄（世代做官的），卑寒士（祖先不曾做过官的），权归右姓（大家族）已。其州大中正、主薄，郡中正、功曹，皆取著姓士族为之，以定门胄，品藻人物……其别贵贱，分士庶，不可易也。[①]

士族的成立是由世代做官而来的，凡三世有三公的称为膏梁，有尚书、中书令仆（射）的为华腴。祖先做过领（军）护（军）而上的为甲姓，九卿和方伯的为乙姓，散骑常侍大中大夫的为丙姓，吏部正员郎为丁姓，统称四姓，也叫右族。

就个别的绅士家族而论，士族南渡的为侨姓，王谢袁萧是大族；东南土著叫吴姓，朱张顾陆最大；山东为郡姓，王崔卢李郑是大族；关中的郡姓以韦裴柳薛杨杜最著名；代北为虏姓，如元长孙宇文于陆源窦等家族都是。从 4 世纪到 10 世纪大约七百年间，中国的政治舞台被这三十个左右的绅士家族所独占。

士族子弟做官依族姓门第高下，有一定的出身，甲族子弟二十岁便任官。后门则须满三十岁才能考试做小官。[②]名家有国封的，初出仕便拜员外散骑侍郎。③谢景仁到三十岁才做著作佐郎，有人替他抱屈说，司马庶人父子怎么能不垮？谢景仁这样人三十岁才做这个官。④甚至同一家族，还分高下，王家有乌衣诸王和马粪诸王两支，马粪王是甲族，甲族是不做宪台官的；王僧虔做御史中丞，自己解嘲说，这是乌衣诸郎的坐处，我将就坐一下。⑤至于做郎官的，那更是绝少的事。⑥

北魏孝文帝曾和廷臣辩论士庶任官的典制。

孝文帝问："近世高卑出身，各有常分，此果如何？"

李冲对："未审上古以来，张官列位，为膏粱子弟乎？为致治呼？"

孝文帝："欲为治耳。"

李冲："然则陛下何为专取门品，不拔才能乎？"

孝文帝："苟有过人之才，不患不知。然君子之门，借使无当世之用，要自德行纯笃，朕故用之。"

李冲："傅说吕望，岂可以门第得之？"

孝文帝："非常之人，旷世乃有一二耳。"

秘书令李彪："陛下若专取门第，不审鲁之三卿，孰若四科？"

著作佐郎韩显宗："陛下岂可以贵袭贵，以贱袭贱？"

孝文帝："必有高明卓然，出类拔萃者，朕亦不拘此制。"

不久，刘昶入朝。

孝文帝告诉刘昶：

> 或言唯能是寄，不必拘门，朕以为不尔。何者？清浊同流，混奇一等，君子小人，名器无别，此殊为不可。我今八族以上士人，品第有九；九品之外，小人之官复有七等。若有其人，可起家为三公。正恐贤才难得，不可止为一人浑我典制也。⑦

这段谈话说明士庶在政治上的相对地位，士是君子，是清流，是德行纯笃的。庶人呢，是小人，是浊流的，是要不得的。要维持治权，就得分别士庶，使之高卑出身，各有常分。

其次，士族都是大地主、大庄园的占有者。大量土地的取得手段是兼并，官僚资本转变为土地资本。更重要的方式是无条件地占领，非私人的产业如山林湖沼，豪强的绅士径自封占，据为己有，这情形到处都是，皇权被损害了，严立法禁，不许绅士强占，可是绅士集团不理会，政府没办法，妥协了，采分赃精神，依官品立格，准许绅士有权按照官品高下封山占水。下面一段史料说明了 5 世纪中期的情形：

> 扬州刺史西阳王子尚上言：山湖之禁，虽有旧科，人俗相因，替而不奉，爇山封水，保为家利。自顷以来，颓弛日甚，富强者兼岭而占，贫弱者薪苏无托，至渔采之地，亦又如兹。斯实害人之深弊，为政所宜去绝，损益旧条，更申恒制。

子尚是皇族，代表皇家利益要求重申禁令，政府当局根据壬辰诏书所立法制，占山护宅强盗律论，赃一丈以上皆弃市。尚书右丞羊希以为：

> 壬辰之制，其禁严刻，事既难遵，理与时弛，而占山封水，渐染复滋，更相因仍，便成先业，一朝顿去，易致嗟怨。今更刊革，立制五条：凡是山泽，先恒爇爐，养种竹木杂果为林芿，及陂湖江海鱼梁鳝鳖场，恒加工修作者，听不追夺。官品第一第二听占山三顷，第三第四品二顷五十亩，第五第六品二顷，第七第八品一顷五十亩，第九品及百姓一顷。皆依定格，条上资簿。若先已占山，不得更占，先占阙少，依限占足。若非前条旧业，一不得禁。有犯者，水土一尺以上并计赃依常盗律论。停除咸康二年壬辰之科，从之。⑧

即承认过去的封占为合法，并规定各官品的封占限额。皇权向绅权屈服了，绅士由政治的独占侵入经济，享有封山占水的特权。

此外，士族还有不服兵役的特权。⑨

士大夫和寒人

士族是一个特殊的阶级，不但严格讲求谱系阀阅、郡望房次、官位爵邑，来保证朝廷官位的占有，并且严格举行同阶层的通婚，用通婚来加强右族的团结。当时寒人要加入这个集团，比登天还难。随便举几个例子，如宋文帝时的要官秋当、周赳，不见礼于同官张敷，《南史卷三十二·张敷列传》：

> （敷）迁正员中书郎……中书舍人秋当、周赳并管要务，以敷同省名家，欲诣之。赳曰："彼若不相容接，便不如勿往，讵可轻行？"当曰："吾等并已员外郎矣，何忧不得共坐。"敷先旁设二床，去壁三四尺。二客就席，敷呼左右曰："移我远客！"赳等失色而去。

徐爰被拒交于王球、殷景仁：

> 中书舍人徐爰有宠于上，上尝命球及殷景仁与之相知。球辞曰："士庶区别，国之章也。臣不敢奉诏。"上改容谢焉。⑩

蔡兴宗不礼王道隆，王昙首见秋当不命坐，王球拒接弘兴宗：

> （齐）明帝崩……右军将军王道隆任参国政，权重一时，蹑履到兴宗前，不敢就席，良久方去，竟不呼坐。元嘉初，中书舍人秋当诣太子詹事王昙首，不敢坐。其后中书舍人弘兴宗为文帝所爱遇，上谓曰："卿欲作士人，得就王球坐，乃当判耳。殷、刘并杂，无所益也。若往诣球，可称旨就席。"及至，球举扇曰："君不得尔！"弘还，依事启闻。帝曰："我便无如此何！"⑪

纪僧真要做士大夫，被拒于江敩：

> 永明七年（489）……侍中江敩为都官尚书。中书舍人纪僧真得幸于上，容表有士风。请于上曰："臣出自本县武吏（《南史》作"臣小人出自本县武吏"），邂逅圣时，阶荣至此，为儿昏得荀昭光女，即时无复所须，唯就陛下乞作士大夫。"上曰："此由江敩、谢瀹，我不得措意，可自诣之。"僧真承旨诣敩，登榻坐定，敩顾命左右曰："移吾床远客。"僧真丧气而退，告上曰："士大夫故非天子所命！"⑫

南朝中书舍人关谳表启，发署诏敕，为天子亲信，权倾天下，最是一时要官。历来多用寒人武吏。⑬虽然地要权重，有的还承皇帝特敕，要求和士大夫交游，可是，都被拒绝了。士庶不但有别，而且，士族深闭固拒，绝对不给寒人以礼貌，更不必说准许寒人参加士大夫集团了。

在朝廷如此，在地方也是一样，最著的例子是庾荜父子，庾荜拒邓元起做州从事：

> （荜）为荆州别驾……初，梁州人益州刺史邓元起功勋甚著，名地卑琐，愿名挂士流。时始兴忠武王憺为州将，元起位已高，而解巾不先州官，则不为乡里所悉。元起乞上籍出身州从事，憺命荜用之，荜不从，憺大怒，召荜责之曰："元起已经我府，卿何为苟惜从事？"荜曰："府是尊府，州是荜州，宜须品藻。"憺不能折，遂止。

庾乔又拒范兴话做州主簿：

> 乔复仕为荆州别驾。时元帝为荆州刺史，而州人范兴话以寒贱仕叨九流，选为州主簿，又皇太子令及之，故元帝勒乔听兴话到职。及属元日，府州朝贺，乔不肯就列，曰："庾乔忝为端右，不能与小人范兴话为雁行。"元帝闻，乃进乔而停兴话。兴话羞惭，还家愤卒。[14]

寒人处处碰壁，被摈于士大夫集团之外，只有两条路可走，一条是以才力得主知，挤到要地，做要官，却做不了大官、清流官。一条路是从军，用战功用武力来抢地盘，进一步抢政权，篡位做皇帝，如刘裕和陈霸先，前者是田舍翁，后者是寒人，便是著例。

寒人被抑勒出清流之外，和寒人有同样情况，庶人中的工商，凭借雄厚的财力，操奇计赢，长袖善舞，要进一步保障既得利益和发展业务，也用尽一切手段，挤进政治舞台来了。绅士们感觉威胁，一致抗拒，运用政治权力，限制工商出仕，抑勒工商不入流品，工商任官的只能任低级官。如公元477年的法令：

> 北魏太和元年，诏曰：工商皂隶，各有厥分，而有司纵滥，或染流俗（流俗《北史》作清流）。自今户内有工役者，官止本部丞，若有勋劳者，不在此制。[15]

到隋文帝开皇十六年（596）更下诏制定，工商不得仕进。[16]唐制工商杂类不得预于仕伍，[17] "依选举令：官人身与同居大功以上亲，自执工商，家专其业者不得仕。其旧经职任，因此解黜，后能修改，必有事业者，三年以后听仕。其三年外仍不修改者，追毁告身，即依庶人例"。则不但工商不能入仕，连已入仕的官人同居大功以上亲也不许经营工商业了。

一千年后的绅权

隋唐以降，门阀被摧毁了，士族在社会大动荡中逐渐式微了。李唐时代的二十个左右大家族已经不完全是六朝时代的三十家族，到宋代这些家族都听不见说起了。考试制度代替了门阀制度，新官僚代替了旧官僚。

虽然如此，前代士族的特权仍然遗留给后代的新绅士，绅士的本质变了，绅权并没有什么大变。试举明代的例子来作对照。

明代士庶两阶级的分别，从《大明律》"名例"条关于文武官犯私罪一款最清楚。这条例规定："文武官职，举人，监生，生员，冠带官，义官，知印，承差，阴阳生，医生，但有职役者，犯赃犯奸，并一应行止有亏，俱发为民。"发为民就是褫夺绅士所享的特权。

绅士最重要的特权是免役，关于现任官的免役，洪武十年（1377）二月特降诏令说：

> 食禄之家，与庶民贵贱有等。趋事执役以奉上者，庶民之事。若贤人君子，既贵其身而复役其家，则君子野人无所分别，非劝士待贤之道。自今百司现任官员之家，有田土者，输租税外，悉免其徭役，著为令。[19]

现任官是做官的本人，现任官的父兄子弟则是乡绅。两年后又令"自今内外官致仕还乡者，复其家终身无所与"，[20]则不但现任官，连退休官也享有免役权了。嘉靖二十四年（1545）规定，京官一品免三十丁，二品二十四丁，至九品免六丁，外官各减一半。[21]不但现任或退休官员，连学校生员除本身外，也免户内差徭二丁。[22]明代的里役最为人民所苦，有二十亩产业的中农，要是不出一个秀才，一轮到值役，便立刻破产。[23]里役有里长、甲长两种，十年轮值一次，原则上是由殷户充当的，殷户中最殷实的是绅士，绅士不服里役，负担便全部转嫁给平民了。16世纪末年，大概现年里役，得破费一百两银子，恰是中人的家当。

至于一被签为南粮解户，即使是中小地主，也非破产不可。[24]以一般情形而论，大县有秀才千人以上，假定这县有十万顷田地，秀才占五万顷，余下的五万顷的地主就得当十万顷的差，秀才如占九万顷，余下的一万顷得当十万顷的差，一句话，地方上的绅士愈多，人民愈倒霉，绅士愈富，人民愈穷，贫富的对立也更尖锐。[25]

其次是豁免田赋，正德十六年（1521）的优免事例，规定京官三品以上免田四顷，五品以上三顷，七品以上二顷，九品以上一顷。嘉靖二十四年又改为京官一品免粮三十石，二品二十四石，到九品免粮六石，外官减半。[26]生员无力完粮，可以奏销豁免。甚至可以于每月朔望到知县衙门恳准词十张，名为乞恩，包揽富户钱粮立于自名下隐吞，一年约莫有二百两银子，也够花销了。[27]

其次是居乡的礼貌，洪武十二年的诏令规定："致仕官居乡里，唯于宗族序尊卑如家人礼，若筵宴则设别席，不许坐于无官者之下。如与同致仕者会则序爵，爵同序齿。其与异姓无官者相见，不必答礼。庶民则以官礼谒见，敢有凌侮者论如律，著为令。"[28]婚丧之家，招待绅士另辟一室名大宾堂，不和平民共起坐。出门坐大轿，扇盖引导，有的地方官还送门皂吏书承应。生员出门，也有门斗张油伞前导。[29]

畜养奴婢也是特权之一，明制庶民是不许存养奴婢的，《明律·户律》："庶民之家存养奴婢者，杖一百，即放从良。"

法律所赋予的特权之外，还有法外的权力。把持官府，嘱托词讼，武断乡曲，封山占水，甚至杀人，无所不为，例子太多了，不必列举。这一类非法权力的形成，赵南星有一解释："乡官之中多大于守令者，是以乡官往往凌虐平民，肆行吞噬，有司稍稍禁戢，则明辱暗害，无所不至。"[30]以为守令官小，不敢得罪比他大的乡官。顾公燮以为是师生和同年的年谊作怪："缙绅尤重师生年谊，平昔稍有睚眦，即嘱抚按访拿。甚至门下之人，遇有司对簿将刑，豪奴上禀主人呼唤，立即扶出，有司无可如何。其他细事虽理曲者，亦可以一帖弭之。"其实最主要的原因，还是皇权对绅权的有意宽容放纵，士大夫成为皇权的统治工具，只要不直接和皇权冲突，违反皇家的利益，动摇皇家的基础，区区凌虐剥削百姓的琐事，皇家是不会也不肯加以干预的。

一千年后的明代情形，和魏晋南北朝没有什么两样，理由是封建关系不变，绅权也不变。

注释

① 《新唐书卷一百九十九·柳冲列传》

② 《南史卷六·梁武帝本纪》

③ 《南史卷二十·谢弘微列传》

④ 《南史卷十九·谢景仁列传》

⑤ 《南史卷二十二·王僧虔列传》

⑥ 《南史卷二十二·王筠列传》

⑦ 《资治通鉴卷一百四十》

⑧ 《南史卷三十六·羊玄保列传》

⑨ 《南史卷三十四·沈怀文列传》

⑩ 《南史卷二十三·王球列传》

⑪ 《南史卷二十九·蔡兴宗列传》

⑫ 《资治通鉴卷一百三十六》，《南史卷三十六·江敩列传》

⑬ 《南史卷六十·傅昭列传》，《南史卷七十七·恩幸列传序》

⑭ 《南史卷四十九·庾荜列传》

⑮ 《资治通鉴卷一百三十四》

⑯ 《资治通鉴卷一百七十八》

⑰ 《旧唐书卷四十八·食货志上》，《旧唐书卷四十三·职官志》

⑱ 《唐律疏议卷四·诈伪》

⑲ 《明太祖实录卷一百一十一》

⑳ 《明太祖实录卷一百二十六》

㉑ 《皇明太学志卷二》

㉒ 《大明会典卷七十八·学校》

㉓ 温宝忠《遗稿卷五·士民说》

㉔ 刘宗周《刘子文编卷五·责成巡方职掌疏》

㉕顾炎武《亭林文集卷一·生员论中》

㉖《皇明太学志卷二》

㉗顾公燮《消夏闲记摘钞卷中》

㉘《明太祖实录卷一百二十六》

㉙《消夏闲记摘钞》，徐学谟《世庙识余录卷二十》

㉚《赵忠毅公文集卷十三·敬循职掌剖露良心疏》

论士大夫

吴　晗

　　这是今春在清华大学同方部的讲演，有两个记录稿，一个发表在《时与文》，一个在《清华旬刊》，都不很完备。现在这个稿子是根据两个记录稿编订的。

　　照我的看法，官僚、士大夫、绅士、知识分子，这四者实在是一个东西。虽然在不同的场合，同一个人可能具有几种身份，然而，在本质上，到底还是一个。在这里，为了讨论上的方便，我们还是不能不按照这四个不同的名词，分开来讨论所谓"士大夫"。

　　平常，我们讲到士大夫的时候，常常就会联想到现代的"知识分子"。这就是说，士大夫与知识分子，两者间必然有密切的关联。官僚是就士大夫在官位时的称号，绅士则是士大夫的社会身份。本来，士大夫是封建社会的标准产物，而知识分子则是半封建半殖民地社会的标准产物。或者说，今日的知识分子，在某些方面相当于过去时代的士大夫，过去的士大夫有若干的特性还残存在今日知识分子的劣根性里面。

　　从历史上来看，大夫原来在士之上，大夫是王侯的家臣，而士则是大夫的家臣。古代的士，原是武士，主要的职责是从事战争，是武士而非文士。一向被王侯大夫养着，叫作养士，这里所谓"养"，正和养鸡养猪养牲口同一道理，同一性质。"食人之禄，忠人之事。"受谁豢养，给谁效劳，吃谁的饭替谁做事，有奶便是娘，要想吃得肥吃得饱就得卖命去干。到后来由于社会的动荡变化，王侯贵族失去了所继承的一切，不但没有人养得起士，连原来养士的人也不能不被人所养了。这时候，士不可能再捧着旧衣钵，吃闲饭，只好给人家讲讲故事，教书，办事，打杂，做侯相办红白大事，做秘书跑腿过日子，于是一变而为文士，从帮凶变成帮闲的。跟着，找到了新路，不是做王侯的家臣，而是从选举征辟等途径，攀上了高枝儿，做皇帝的食客雇工，摇身一变为大夫，为官僚。于是，几千年来，士大夫连成了一个名词，具有特定的内容、特征。

士大夫的内容，特征是什么呢？分析地说：

第一，士大夫有享受教育机会的特权，独占知识，囤积知识，出卖知识，"学成文武艺，货与帝王家"。知识商品化，就这点而论，士大夫和今天的知识分子完全一样。

过去的国立学校，无论是太学、国子学、国学，以至国子监等，学生入学的资格是依父祖的官位品级，平民子弟极少机会入学，甚至完全不许入学。

第二，士大夫的地位，处于统治者和被统治者之间，上面是定于一尊的帝王，下面是芸芸的万民。对主子说是奴才，奴才是应该忠心替主子服务的，依权附势，从服务得到权位和利益，分享残羹剩饭。对人民说，他们又是主子了，法外的榨取，剥削，诛求，兼并土地，包庇赋税，走私囤积，无所不用其极。对上面是一副奴颜婢膝的脸孔，对下面是另一副威风凛凛的脸孔，这两副面孔正如《镜花缘》里所描写的，对人一副笑脸，背后的一副用布蒙住，士大夫用的这块布，上面写着"仁义道德"四个大字。对主子劝行王道，仁政，采取宽容作风，留母鸡下蛋。对人民，欺骗，威吓，麻醉，制造出种种理论，来掩饰剥削的勾当。比如大家都反饥饿，他们会说："没饭吃，平常事。饭该给有功的人吃，因为人家在保护你们。为什么要吵吵闹闹呢？何况有的是草根、树皮！"甚至说："要那么些钱干什么，已经差强人意了，还要闹，失去清高身份！"理论没人理，跟着是刑罚，所谓"齐之以刑"。再不生效，更严重的一套就来了。两面作风，其实是一个道理。就是不要变，不要乱。如果非变不可，也要慢慢地变，一点一滴地变，温和地变，万万不能乱，为的是一变就不能不损害他们的既得利益，乱更不得了，简直要从根挖掉他们的基业。他们要保持现状，要维持原来的社会秩序，率直一点说，也就是维持自己的财产和地位，这类人用新名词说，就是所谓自由主义者。

第三，士大夫享有种种特权，例如，免赋权，免役权，做各级官吏之权，居乡享受特殊礼貌之权，包办地方事业之权，打官司奔走公门之权，做买卖走私漏税之权，蓄养奴婢之权，子孙继承官位，和受教育之权，等等。老百姓要缴纳田租，他们可以不缴，法律规定，官品越高，免赋越多，占有土地的负担越小，造成了经济地位的优越。老百姓要抽壮丁，"有吏夜捉人"，不管三丁抽一或是五丁抽二，总之是要出人，但是，士大夫却不必服役。例如南北朝时代士族不服兵役，明朝也有"家里出了个生员，就可免役二丁"的规定。说到做官，这本是士大夫的本分，即使不做官了，在乡做绅士，也还享有特殊礼貌，老百姓连和绅士同起坐，同桌吃饭都是不许可的。如果乡里要举办一些事业，所谓"自治"，例如修路、救灾、水利、学校等，士大夫是天然的领袖。要贩运违法货物，有做官的八行书就可免去关卡留难。蓄养奴婢，只要财力许可，几千几万都为法律所承认。此外，还有师生、同年、同乡、亲戚，种种关系可以运用，任何角落里都有人情面子，造成一股力量，条条大路都可通行。

第四，相反的，士大夫对国家民族没有义务，不对任何人负责。不当兵，不服役，不完粮纳税，一切负担都分嫁给当地老百姓。一个地方的士大夫愈多，地方的百姓就愈苦。遇有特殊变故，要"有钱出钱，有力出力"的时候，出力的固然是百姓，出钱的还是百姓，士大夫是一毛不拔的，有时候还从中渔利，发一笔捐献财。

第五，因为知识被专利，所以舆论也被垄断了。历史上所谓"清议"一向是士大夫包办的。只有士大夫才会写文章著书，才有资格说话，老百姓是没有份的，即使说了也不过是"刍荛之见"，上达不了，即使上达了，也无人看重。东汉后期的太学生，明末的东林党，清代末年的戊戌变法，都只是站在士大夫立场上，对损害他们的另一剥削集团的斗争——对宦官、外戚、贵族的斗争，和老百姓是不大相干的。

第六，士大夫也就是地主，因为他们可以凭借地位来取得大量土地，把官僚资本变成土地资本，士大夫和地主其实是同义语。反之，光是地主而非士大夫是站不住的，苛捐杂税，几年功夫就可以把这些不识时务的地主毁灭。因之，地主子弟千方百计要钻进士大夫集团，高升一步，来保全并发展产业。地主所看到的是收租的好处，看不见的是农民的困苦。通常形容士大夫"四体不勤，五谷不分"，不但不明白农民的痛苦，甚至连孔子那样人，都以不坐车而步行为失身份。因之，在思想上，在政治上，都是保守的，共同的要求是保持既得利益，无论如何要巩固拥护现状，反对一切变革、进步。从整个集团利益来看，士大夫是反变革的，反进步的，也是反动的。最多，也只能走上改良主义的道路。当然，也有形式上是进步的，例如1898年的康有为、梁启超，要求变法，对当时守旧官僚说，比较上是进步的，可是在本质上，他们要求变法的目的，是在保存旧统治权，保存皇帝，也就是保存他们自己的地位和利益，他们的进步立场，只是士大夫本位的形式上的进步，和一般人民的利益并不一致。

由上面的分析，士大夫是站在人民普遍愤怒与专制恐怖统治之间，也站在要求改革要求进步与保守反动之间。用新名词来说是走中间路线，两面都骂，对上说不要剥削得太狠心，通通都刮光了那我们吃什么。对下则说：你们太顽强，太自私，太贪心，又没有知识，又肮脏，专门破坏，专门捣乱，简直成什么东西。其实这些都可以回敬给他们，等于自己骂自己。他们之所以要表示超然的态度，上不着天，下不着地，吊在半空间，这是有好处的。像清朝的曾左李诸公，帮助清朝稳定了江山，便青云直上，在汉人满人之间发展自己。两面骂的好处是万一旧王朝倒了，便可投到新主人的怀抱里，他不是曾经骂过那已经倒了的旧王朝吗？反正不管谁上台总有他们的戏唱，这就是士大夫走中间路线的妙用与作风。

这种士大夫的典型例子，在历史上可以找到不知多少，简直数不胜数。这里只随便举几个谈谈。

一个是钱谦益，明末时候的人，少年时候和东林党混在一起，反贪污，反宦官。后来被政敌一棍打下来之后立刻变成了"无党无派"，在乡间住了几年又变成了"社会贤达"。1644 年机会一到，一跃而为礼部尚书，无党无派和社会贤达的衔头都不要了。对东林党人则说：我是当年反贪污反宦官的健将，对当局则拼命献身。清兵一来，首先投降的就是他，死后清廷把他放入《贰臣传》之内。此公不但政治节操如此，在乡间当社会贤达时就是标准的土豪劣绅，无恶不作。

第二个是侯恂，《桃花扇》里面所说的侯朝宗的父亲，此公是明末的重臣，李自成入北京，他就降李自成，清兵入关他就降清，可以说是三朝元老。

还有，再举个明末的例子吧，《燕子笺》的作者阮大铖。他是有名的戏剧家，《燕子笺》、《春灯谜》，技巧都不坏，为了娱乐讨好弘光皇帝，清兵快到南京时，他还在忙着找好行头，在宫里献演自己的大作。此公一生，可以分为整整七个时期，第一期，没有大名气，依附同乡东林重望左光斗（阮是安徽人），钻进党去，成了名。第二期，急于做官，要过瘾，要做又大又有权的官。东林看不惯他的卑劣手段，不给他帮忙，于是此公一气之下，立刻投奔魏忠贤，拜在门下做干儿子，成为东林的死对头。替干爹出主意，大抄黑名单。第三期，东林给魏阉一网打尽，他也扶摇直上，和干爹关系很好。可是他很明白大势，预留地步，每次见干爹都花钱给门房买下名片，灭了证据，自打主意。第四时期，魏党失败了，此公立刻反咬一口，清算总账，东林、魏党两边都骂。为什么呢？——表明他是中间分子，不偏不倚。可是人民眼睛是雪亮的，还是给削了官，挂名逆案，呜呼哀哉，一辈子都没有做官的希望了。于是闲居十九年，做社会贤达写写剧本，成为第一流的文学家。第五期，南方名士们创立复社，热闹得很，贵公子都在里面。此公穷居无聊，沉不住气，于是谈兵说政，到处抬出东林的招牌来做自我宣传，想混进复社去把党人收作自己的群众。说："我是老东林，跟你们上代有交情，你们捧捧我吧！"不想那些青年人可真凶，火气大，给他下不来，发宣言（揭帖）指出他一桩一桩的罪状，一棍打击下去，此公又吃了一次亏，气得发昏。第六时期，北都倾覆，政局变了，南朝一个军阀马士英给福王保镖成立新政府。阮受了几年气，于是又勾上了马相国，做了兵部尚书。此公于是神气十足，一边大发议论，武力不以对外，清兵来还好说话，左兵来可难活命。外战不来，内战拼命，一边重翻旧案，排斥东林，屠杀青年，利用特务，要大报旧仇。开了两纸黑名单，一纸五十三名，一纸一百零八名，的的确确送了不少人进集中营，也的的确确杀了不少人。同时大肆贪污（所谓"职方贱似狗，都督满街走"，正是南京政府的写照，也正是这样把南京搞垮了台）。第七时期，清兵南下，此公投降了，但是看看福建又建立了新政府，想投机通通消息，结果为清军所杀。此公的变化多端，大概前所未有，然而万变不离其宗，总是那么一副嘴脸，为自己打算。

当然，也有天良还剩一丝丝儿的，例如吴梅村，也是风流才子，而且是士大夫的领袖。明亡后，清朝逼他做官，因为怕死，守不住节，只好去做官了。把过去半生的清名，连同社会贤达的牌子都打烂了，一念之差，在威迫利诱之下走错了路，悔恨交加，临死时作了一首绝命词："万事催华发！论龚生、天年竟夭，高名难没，吾病难将医药治，耿耿胸中热血。待洒向、西风残月。剖却心肝今置地，问华陀、解我肠千结，追往恨，倍凄咽。　　故人慷慨多奇节。为当年、沉吟不断，草间偷活。艾灸眉头瓜喷鼻，今日须难诀绝，早患苦、重来千叠。脱屣妻孥非易事，竟一钱不值何须说！人世事，几完缺？"

如以上许多例子，岂不是士大夫都是没有骨头的？都是出卖自己灵魂的？或者都是"难将医药治"的？假如引历史上某一时期如南朝做例——史家都说是"南朝无死难之臣"，这是错的——当时，政权虽不断变换，而士大夫阶层所形成的集团的特权并没有变更，这一个集团有着政治力量所不能摧毁的，在社会、政治、经济、军事各方面的领导地位，他们本身的利益既不受朝代变换的倾轧，那他们又为什么要替寒人出身的一些皇帝死节呢？假如再引别的时代的例子，例如汉代的范滂、陈蕃，唐代的颜真卿、张巡、许远，宋代的文天祥，明代的杨继盛、杨涟、左光斗、史可法，清代的谭嗣同，为了他们的信念，为了他们的阶层利益，为了他们所保卫的特权而死，史书叫作忠臣义士的，这一类的例子也很多。这一些人都是士大夫，虽然失败，是有骨头的，有血有肉有灵魂的，是忠于封建社会的封建道德的——和前一类的人正是一个鲜明的对比。

当两个朝代交换，或者是社会有很大的改革的时候，往往是对人的一种考验。现在恐怕又是到了一个考验的时候了，这考验包括你也包括我。我们看见了许多阮大铖、吴伟业、钱谦益；同时我们也看见许多谭嗣同、范滂、文天祥。面对着这考验，也有许多人打着自由主义的招牌出现，那么也让历史来考验他们吧。历史是无情的，在这考验下面，我们将会看到历史的悲剧，也是这些自由主义者的悲剧。固然我们不希望今后的文学作品里再发现"绝命词"一类的作品，然而历史始终是无情的。

论天高皇帝远

袁 方

以力服人者霸

传统中国社会结构里，皇权是一个基本的权力。今天，我们生活在没有皇帝的国家，皇权对于我们不免相当陌生。在民元前，帝制没有推翻，老百姓的心里，皇帝是无上的威权。"真命天子坐龙庭"，"国不可一日无君"，自秦统一，以迄清末，成为天下一统的象征。

在秦以前，没有皇帝只有王，从王到皇帝，我国传统社会结构有一个空前的改变。这改变不仅是名义上的而是本质上的。因为在秦以前，王之下有诸侯、诸侯之下有卿大夫。诸侯封有领地，割据一方，号称国王，诸侯管制下的土地，就是顶头高高在上的王也丝毫没有权力可以干预。至于诸侯下的卿大夫亦分有领地，世代传袭，也不是诸侯的力量可以任意调遣的。王、诸侯、卿大夫，这是一个贵族的封建等级。权力是分散的，谁都不是绝对的盟主。自秦以后，一改旧观，权力集中在天子一人手里。在崇高无比的天子前，谁都不敢正面仰视，其下文武百官，不过是皇帝的耳目，家奴臣仆。"君者，出令者也；臣者，行君之令而致诸民者也。"君、臣，这是一个官僚的封建等级。权力是集中的，君要臣死，不得不死。老百姓是不必说了。

皇权是绝对的，靠武力取得，靠武力维持，也被武力推翻。秦始皇在中国历史上开创帝王基业，自以为德兼三皇，功迈五帝。"丞相（王）绾，御史大人（冯）劫，廷尉（李）斯等皆曰：'昔者五帝地方千里，其外侯服夷服，诸侯或朝或否，天子不能制。今陛下兴义兵诛残贼，平定天下，海内为郡县，法令由一统，自上古以来未尝有，五帝所不及……臣等昧死上尊号，王为'泰皇'，命为'制'，令为'诏'……，王曰：去'泰'著'皇'，采上古'帝'位号，号曰：'皇帝'。"①从此皇帝在传统社会里两千余年，一直是以力服人的霸主。

正因为是以力服人，以力服人者，非心服也，谁的武力强，谁就可以夺取帝王的宝座。将相本无种，武力的成败便是改朝换姓的依靠。"秦始皇帝游会稽，渡浙江，梁与籍俱观，籍曰：'彼可取而代也。'"②汉高祖虽是流氓出身，"观秦皇帝，喟然太息曰：'嗟乎，大丈夫当如此也。'"③说穿了，皇权的根源，并不神秘，只要看看历朝开国的君主，哪一个不是靠的军力？

成则为王，败则为寇

一部《二十四史》，可以说不过是帝王的家谱，兴衰的记录。"改正朔，易服色"，开创的君主，都是从武力里起家的。登了宝座，坐上龙庭，就是皇；那些失败的、反对的，压在皇权的底下，不是困死草野，就是流亡异地，叫作寇。尽管历史上有"不以成败论英雄"；但是，握有武力成功的皇帝，却可以改写历史，武力的成功者不但是"英明"，而且"神武"。

传统的社会结构里，成则为王的天子，大致可以分为四种方式：第一，流氓型的，刘邦、朱元璋、刘渊、石勒、朱温，可以说都是出身流氓，无业起家，他们反对专制，起来革命，从流寇一变和地主利益结合在一起，打下天下，登上龙门。第二，地主型的，每当天下大乱，地主起而为了自卫，如秦末的贵族项羽，西汉末的地主刘秀，三国时曹操、孙权，隋末的李世民，清之曾国藩，都可说是代表地主的利益，起而平定天下，有的失败，如项羽，唐之诸藩镇；有的成功，如刘秀、曹操等。第三，农民型的，陈涉、吴广，揭竿而起，西汉末之新市、平林，三国时之黄巾，隋末的王薄，唐之黄巢，清之太平天国，都被地主军打败，变成流寇。第四，游牧民族型的，异族入主中国，元、魏、辽、金、夏、元、清，都是农业民族为游牧民族所征服。

无论是哪一种方式，都是力的决赛，天下是打来的，流血的代价，成为我们的统治者唯一无二的法门。今日我们虽在没有皇帝的名目下过日子；可是当政者的血肉里似乎还遗留有传统对于皇权的想法。在"成则为王，败则为寇"的观念里，要树立起近代式的民主是非常困难的。

皇权的无为和有为

年来费孝通先生从社会结构的观点讨论传统社会的许多问题，提出皇权、绅权等概念作为分析的起点，引起不少辩论，这是很好的现象。大家从不同的看法里对于传统的社会结构加以分析，当然可以增加对于传统社会的了解。其中关于皇权的看法，费先生的意见引起了吴晗先生不同的解释，前者认为皇权是无为的，有约束的；后者说是皇权没有约束，是有为的，简单地把他们的意见引述如后：

皇权是无为的："为了皇权自身的维持，在历史的经验中，找到了无为的生存价值，确立了无为政治的理想。"这个无为的理由，因为"农业的乡土上并不能建立横暴权力，相反的，我们常见这种社会是皇权的发祥地，那是因为乡土社会并不是一个富于抵抗能力的组织，农业民族受游牧民族的侵略是历史上不断的记录。东方的农业原是帝国的领域，但是农业的帝国是虚弱的，因为皇权并不能滋长壮健，能支配强大的横暴基础不足，农业的剩余跟着人口增加而日减，和平又给人口增加的机会"。[④]

"中国的历史很可助证这个看法：一个雄图大略的皇权为了开疆土，筑城修河，于是怨声载道，与汝偕亡地和皇权为难了。这种有为的皇权不能不同时加强对内的压力，需用更大，陈涉、吴广之流，揭竿而起，天下大乱了。人民死亡遍地，人口减少，于是乱久必合，又形成一个没有比休息更能引人入胜的局面，皇权力求无为，所以养民。"[⑤]

有两道防线约束皇权，一是无为而治，一是绅权的缓冲。这是费先生的主张。

另一方面吴先生的看法是：皇权是片面的治权，代表着家族利益，但是并不代表家族执行统治。这个治权就被治者说是片面的、强制的，即就治者集团说，也是独占的、片面的，即使是皇后、皇太子、皇兄皇弟，甚至太上皇、太上皇后，就皇帝的政治地位而论，都是臣民，对于如何统治是不许参加意见的，在家庭里，皇帝也是独裁者。

皇权是与士大夫治天下，皇权所代表的是士大夫的利益，决非百姓的利益。

从这一个立场出发，皇权的约束也就不存在了。无为政治并不是使皇帝有权而无能的防线，相反，无为政治在官僚方面说，是官僚做官的护身符，不求有功，但求无过；在皇帝方面说，历史上的政治法术是法祖，即使是法祖也不是使皇权有权而无能的防线，祖制反而成为士大夫的工具。因为从另一方面看，第一，祖制的办法，有适合于提高或巩固皇权；第二，议的制度也是巩固皇权的工具；第三，隋唐以来，门下封驳制度、台谏制度，在官僚机构里，用官僚代表对皇帝的诏令的同意的副署，来完成防止皇权滥用的现象，可是说这话的人，指斥这手令政治的人，就被这个手令所杀死。总之，皇权是没有约束的。

以暴易暴

费、吴两先生的看法，给我们对于皇权的了解，都有很大的帮助。彼此相得益彰，互有发挥。本文想从另外一个角度去看皇权，或者对于费、吴两先生的意见，多少有点补充。

"以暴易暴兮，不知其非也。"创业的君主，成则为王，都是以武力得来天下，一将成名，万骨皆枯。皇权的本身是有为的、残暴的。然而这个有为的皇权，在老百姓的心里反而变为无为了。因为老百姓都希望真命天子坐龙庭，除暴安良，大家过着太平日子，特别是戎马倥偬，干戈不息的时际，生民涂炭，一般人喁喁望治的心情，莫不都是寄托真命天子下凡这一类神话里面，获得无穷的慰藉。因之每个创业的皇帝即位，都要"改正朔，易服色"，履行一套所谓"应天顺人"的典礼。

应天顺人，使一般人可以忘却皇权的根源出自残暴，这是无为的开端。历代帝王的哲学，似乎都是以无为作为治天下的策略，所谓"主逸臣劳"。《庄子·天道篇》说："帝王之德"，"以无为为常，无为也，则用天下而有余，有为也，则为天下用而不足。""上无为也，下亦无为也，是下与上同德。下与上同德则不臣。下有为也，上亦有为也，是上与下同道，上与下同道则不主。上必无为而用天下，下必有为为天下用，此不易之道也。"这虽是庄子所谓帝王的模范，实际说来，历代的贤君相垂拱而治，未始不是朝向这个理想。得民者昌，失民者亡，民心的向背，几乎可说是天下兴亡的测量器。

根据前面皇权取得的形式来看，皇权是建筑在地主阶层上的，也是农业社会统治权的中心。在我国天地两字连在一起，成为一个名词，实在有深远的历史意义。天是皇权的象征，地是土地的代表，中国的皇权也是管理土地的特权，"普天之下，莫非王土"。因之帝王实际上是个大地主。皇权的摄取，如果不和地主阶层连在一起，十九是要失败的。广阔的土地，天子一个人的威力，可以马上得之，但是不能马上治之，历代的皇上，似乎都特别知道"儒生有益人主"，"学而优则仕"，士大夫便应运而起帮同天子管理四海，士大夫多是地主阶级的代表人物，天子的利益是他们的利益，他们的利益也是天子的宝藏，天子利用儒生保障他的天下，儒生也假借皇帝的权威保障自己的土地。既是一种利害的结合，要是皇权过于横暴，士大夫的利益全然只是皇帝一己挥霍的资源，不仅是地主阶层，就是农民以及流氓，也会起而反抗的。历史上皇帝残杀士大夫的例子，固属不胜枚举；但是士大夫完全只是皇帝的帮闲帮忙，而丝毫没有力量阻止无法无天的皇权，恐怕是不尽然的。即以始皇而论，秦之速亡，原因当然有很多，其中得罪了读书人，也是重要的一个，所以苏轼说："始皇知畏此四人者（均系儒士）有以处之，使不失职，秦之亡不至若是之速也，纵百万虎狼于山林而饥渴之，不知其将噬人，世以始皇为智，吾不信也。"⑥诚然"秀才造反，三年不成"，可是"君之视臣如手足，则臣视君如腹心；君之视臣如土芥，则臣视君如寇仇"。可见皇权不是毫无约束的野马。寇仇之间，如果到了水火不相容的局面，最后只有诉诸暴力了。以暴易暴，其间实有深远的社会意义。

天皇神明

以暴易暴可以阻挡皇权的过分的伸张，另一方面皇权的崇高与神圣也是无为的重要因素之一。在皇帝与老百姓中间，隔着很长的一套官僚机构，老百姓伏在地上，皇帝位高比天，如是天高皇帝远，在我们传统社会结构里使得皇帝与老百姓在表面上隔成毫无关系的两极。皇帝在老百姓的心里是天生的圣人，可望而不可及，加以历史典籍的渲染，传说的流行，因之皇帝变成一个神明的天子。

本来自始皇以来有意或无意的就把皇帝的真面目神圣化和凡人不同。赵高说二世曰："天子所以贵者，但以闻声，群臣莫得见其面，故号曰'朕'。且陛下富于春秋，未必尽通诸事，今坐朝廷，谴举有不当者，则见短于大臣，非所以示神明于天下也。且陛下深拱禁中，与臣及侍中习法者待事，事来有以揆之。如此，则大臣不敢奏疑事，天下称圣主矣。"⑦天子之所以贵，群臣莫得见其面，老百姓是不必说了。又如汉高祖刘邦的母亲，有一天在野外，有龙降到她的身上，于是才怀胎生下了刘邦，《三国演义》中描写献帝出宫避难，黑夜中有萤火成群为他引路的故事，《说岳传》里有泥马渡康王的一回，这些都是要把皇帝神化的象征，使一般人对他莫测高深，顺服在皇权之下。

正因为皇权的神圣，一般人看不出它的本来面目，只要苛政不猛如虎，孔子过泰山时，也许就不会听到哭而哀的声音，就是说老百姓能够活得下去，哪怕是最艰苦的日子，也会忍受地伏在土地上苟延残命，哪敢揭竿而起与皇权为敌？这是消极方面。老百姓的惨受苛政，直接压在他们头上的是那些不能为民父母的官吏，"国家之败，由官邪也"。尽管官僚实际上依仗皇权作威作福，可是老百姓认为这也许并不是皇帝的恶作剧，而是僚属欺下蒙上，因之老百姓受了冤屈常常要喊天，大乱时常常希望真命天子降世，可以减轻他们的苦痛。这是积极方面。

无论是消极或积极，此种心理的养成，与天高皇帝远的关系至为密切。因为皇帝高高在上，握有无上的威权，普天之下，一人的能力怎能驾御四海？就是皇权有为，"天高"的距离便是一个限制。皇权在他们的心目中不过是一个可敬可畏的象征。因为距离的关系，上情不能下达，下情不能上闻，上下暌隔，神明的天子有时也难免天恩不及兆民，从反面看，土地上的农民，只要能日出而作，日入而息，过着安静的日子，也就谢天谢地了。

民主的难产

要是从天高皇帝远的特性可以分析出皇权在传统社会结构里的功能，皇权的有为与无为，似乎并不是一个互相对立的看法。本来天高皇帝远就包含了距离的因素，也指示出皇权不过是无为而有为。帝王大业，鞭长莫及，皇权的无为也许是没有办法的表现，在这个两极中间，官僚可以大显神通，作威作福，狐假虎威，仗势凌人，众暴寡，强欺弱，因之使人有天高皇帝远的感觉。不但神圣了皇权，而且暗淡了民权。皇权的伸张就是民权的式微。何以在传统的社会结构里，两千余年人民要求自由平等的感觉十分软弱？也许是天高皇帝远底下一种特殊的现象。

注释

① 《史记·秦始皇本纪》

② 《史记·项羽本纪》

③ 《史记·高祖本纪》

④⑤ 见费孝通《乡土中国》

⑥ 《战国任侠论》

⑦ 《史记·李斯列传》

皇权下的商贾

袁 方

"贵"与"贱"

孟子说："锱铢必较，此之谓贱丈夫。"在传统社会中锱铢里谋生的商贾，总是占着很低的地位。可是《周礼》所描写出来的社会分层里，商贾还没有贱到末流：

> 坐而论道，谓之王公；作而行之，谓之士大夫；审曲而执，以饬五材，以辨民器，谓之百工；通四方之珍异以资之，谓旅；饬力以长地材，谓之农夫；治丝麻以成之谓妇功。

这里所谓旅，就是商贾。就其地位而论，仅在妇功与农夫之上，远在王公士大夫之下。到春秋战国，商贾的地位，在为政者的眼光里，却降到农工之下。值得我们注意的是，以兴盐海之利把齐国经济繁荣起来争霸的管仲，却是最先说"士农工商"的价值尺度的人。他建议桓公"成民之事"，把当时四民分为"士农工商"四等，"勿使杂处"。于是"士"在其首，"商"在其末。"士农工商"的社会分层，好像形成了我国传统社会的格局。

《周礼》所记述的社会分层如果是事实，商贾的地位，在农夫之上。何以管仲把它颠倒过来，落在四民之后？依我看来，与其说是管仲描写一个新的局面；不如说是他为了政治的目的，有意要把商贾的地位抑压下去。这是当时商业发达和政权冲突的缘故。

春秋战国时代，国君都知道商贾于国有利，争相招挽，使"商贾皆欲出于王之市"。卫文公有通商惠工以兴国的举措，"陶朱公逐什一之利，居无何，则致资巨万"，[①]子贡"结驷连骑，束帛之币，以骋享诸侯，所至国君，无不分庭与之抗礼"，"倚顿用盐监起，而邯郸郭纵以铁冶成业，与王者埒富"。[②]正是"以贫求富，农不如工，工不如商，刺绣不如倚市门"。商业勃兴，商贾的地位，事实上非但没有下降；反而在蒸蒸日上，甚至可说这是商贾在中国社会史上的黄金时代。

商贾运用他们锱铢必较的手段，累积财富，有时甚至富埒王侯。这是说，他们的经济实力威胁了原有的社会分层的等次。富埒王侯，进一步将是权倾王侯了。商贾的抬头也成为社会结构是否将予改弦更张的问题。若是不把这在分层里原处于低级的商贾抑下去，就得承认他们的新地位，也就是说要把原来较高的阶层，让出个位置来，给商贾去占据。在这社会结构面临改造的威胁中，原属上层的，也是握有权力阶层的不能不出来答复这问题：退让呢，还是保守？中国这段历史的答复是保守，不是退让。在握有权力的王侯，守住了他们的地位，利用了原有的社会价值的尺度——贱商。把在社会阶梯上跃跃欲上的新兴财富阶级，打击下去，一直把他们贬到四民之下，连农都不如了。

贵和贱，原是指社会上看得起看不起的分别。"士农工商"的层次是社会价值的尺度。居于末流的商，也就是说是社会上最看不起的人物。要使社会上看不起商贾，一定得做到没有人羡慕商贾。商贾是从事交换经济的人物，在这计较锱铢的过程中他可以逐什一之利而累积财富。如果要做到没有人羡慕商贾，必须使商贾的财富有所不能买，使他们不能单凭财富就可得到对人们具有引诱的享受和安全，而且还要在社会上另外开出能具有引诱力的路子来。这些另外的路子又要不去威胁原有的权力结构。做不到这些，尽管想贱商，而商还不贱的。换一句话说，要商贱，就得把贵贱之别，脱离财富多寡的标准，而把它系于权力的高下的标准上。如果财富不能买到权力，一个人不能单通过财富去取得享受和安全，财富才不会成为最有力的引诱，商贾也不易被人看得上眼了。若是在另外的路上，却能得到更可取得享受和安全的财富时，商贾的地位，就更要相对地降落了。我们传统社会中的特权阶级，就从这些方面入手去抑压商贾。管仲所安排出来的四民层次，后来竟成为事实的图案。

千金之子竟死于市

大家也许会记得陶朱公想利用财富去保障他儿子生命的故事。《史记·越王勾践世家》里说：

> 朱公中男杀人，囚于楚。朱公曰："杀人而死，职也。然吾闻千金之子不死于市。"告其少子往视之。乃装黄金千镒，置褐器中，载以一牛车。且遣其少子，朱公长男固请欲行，朱公不听。长男曰："家有长子曰家督。今弟有罪，大人不遣，乃遣少弟。是吾不肖！"……朱公不得已而遣长子，为一封书遗故所善庄生，曰："至则进千金于庄生所，听其所为，慎无与争事！"长男既行，亦自私赍百金。

> 至楚，庄生家负郭，披藜藿到门，居甚贫。然长男发书，进千金，如其父言。庄生曰："可疾去矣！慎毋留！即弟出，勿问所以然。"庄生虽居穷阎，然以廉直闻于国，自楚王以下皆师尊之。及朱公进金，非有意受也；欲以成事后，复归之以为信耳……庄生间时入见楚王，言"某星宿某，此则害于楚"。楚王素信庄生，曰："今为奈何？"庄生曰："独以德为可以除之。"王乃使使者封三钱之府。楚贵人惊告朱公长男曰："王且赦！"曰："何以也？"曰："每王且赦，常封三钱之府，昨暮王使使封之。"朱公长男以为赦，弟固当出也；重千金，虚弃庄生，无所为也。乃复见庄生，庄生惊曰："若不去邪？"长男曰："固未也。初为事弟，弟今议自赦，故辞生去。"庄生知其意欲复得其金，曰："若自入室取金！"长男即自入室取金，持去，独自欢幸。庄生羞为儿子所卖，乃入见楚王曰："臣前言某星事，王言欲以修德报之，今臣出，道路皆言陶之富人朱公之子杀人囚楚，其家多持金钱赂王左右；故王非能恤楚国而赦，乃以朱公子故也。"楚王大怒："寡人虽不德耳，奈何以

朱公之子故而施惠乎?"令论杀朱公子,明日遂下赦令,朱公长男竟持其弟丧归。

陶朱公在当时不可谓不富,而且曾贵为卿相。但是他的"贵"的来源是握有政权的王,离开了给他"贵"的王,也就没有了势。他固然可以用他的"富"去邀得王者的恩赦,可是赦不赦还在王者,不在"千金"本身。"千金之子不死于市",诚可以写出钱能通贵的力量。可是有时钱也无法通贵,而使朱公长男持其弟丧回家。富而不贵,便将受皇权的威胁,谈人权保障,与虎谋皮!

在我们的传统社会里,何以"富贵"两字,老是连在一起,难分难解?委实有它的深厚的意义。孔子说:"死生有命,富贵在天。"庄子骂孔子道:"摇唇鼓舌,以迷惑天下之主,所以谋封侯富贵者也。"俗话有"功名富贵"等,若是一加仔细地分析,"富贵"在一块不是偶然,这里实在指出我国向来的社会一条真正的致富之路——由贵而富,不是由富而贵。

正因为由贵而富,所以齐筦山海之利,秦有盐铁之权,汉置盐铁官以筦其事,又禁"贾人不得衣丝乘马,重租税以困辱之"。并且禁他们为官吏,也不给他们田产,农民只出赋一算,可是商贾与奴隶则出倍算,对于商贾敛财致富,有种种限制的方策,凡获利最巨的几种商业如盐铁酒,一律收归国营,于是中产以上的商贾,破产者不知有多少!隋高祖开皇十六年,禁工商不得仕进,唐高祖定工商不得与于仕伍,"明太祖加意重本折末,令农民之家,许穿细纱绢布,商贾之家,只许穿布,农民之家,但有一人为商贾者,亦不许穿细纱"。此种情形,商人的无法抬头,表面上看来好像是政策的压制,其实是贵层的安全,不容许富埒王侯的商贾暗中来威胁。不能"退让"的绝对皇权,怎能再容许子贡之流"分庭抗礼"?"小不得僭大,贱不得逾贵,夫然故上下序而民志定。"因之不是采商鞅的"事末利及怠而贫者,举以为收孥",就是像秦始皇的徙天下十二万富户到咸阳京城免生异端:或消极地加以约束——不得购置田产,锦衣玉食;或积极地加以侮辱——把商贾与逋亡的罪人一体看待。"天无二日,地无二主",神明的天子既操生杀予夺的大权,殆全然只有把"因其富厚,交通王侯,力过吏势,以利相倾"

的商贾压下去，使财富不能通贵！

由贱而贵的道路

说到这里，有人自然会问：为什么商贾不去取得"高贵"身份的来源——政治权力？使人们可以由富而贵，做到名副其实的"富贵"次序？商贾的受制于王者，财富成为权力的报酬，而不成为权力的根据，究竟是什么缘故呢，是不为？还是不能？这就牵涉到我国社会一条主要攀登贵层的路线。

天子是我国传统社会里高高在上的统治者，可是天子重英豪，特别知道"儒生有益人主"。于是"学而优则仕"，由士而大夫接近真龙天子，成为常典。十年寒窗功名富贵，只要一举成名，似乎就可以享受不尽，荀子说得好：

> 我欲贱而贵，愚而智，贫而富，可乎？曰：其唯学乎？彼学者：行之，曰士也；敦慕焉，君子也；知之，圣人也。上为圣人，下为士、君子，孰禁我哉？乡也，混然涂之人也，俄而并乎尧禹，岂不贱而贵矣哉？乡也，效门室之辨，混然曾不能决也，俄而原仁义，分是非，图回天下于掌上而辨白黑，岂不愚而知矣哉？乡也，胥靡之人，俄而治天下之大器举在此，岂不贫而富矣哉？[③]

要是商贾攀登贵层，"唯学"是一个不可少的条件。学而优则仕，一登龙门，身价百倍，才可以脱去原有"锱铢必较"的本色。身份的改变，地位的转移，岂是轻而易举的事？士大夫自有其一套生活方式、思想、行为；商贾的又是另一套。尽管士大夫路上，并不排挤商贾同登王朝；但是商贾要想从这条道路，直上青天，怕是不容易的；何况还有人为的障碍加以阻挡？好比隋高祖禁工商不得仕进，唐高祖定工商不得与于仕伍一类的设施，商贾欲想改行入仕，真是难上加难。据说以前有两位朋友，一贫一富，贫者科举出身，有功名；富者经商发财。同乡中有一武举时常欺侮这位富翁，富翁奈何不得。于是去请教那位科举出身的老朋友有什么办法可以对付。老朋友建议他捐一笔钱买个官爵，提高地位。果然后来那位武举不敢再小看他了。可是爵位是买来的，不是正牌，表面上别人不敢再加以白眼，实际上还是暗中受人讥笑。他再去请教老朋友有没有更好的办法，真正使人心悦诚服地尊敬？朋友告诉他除了下一代读书中举外，别无他法，你这辈子可不行了。这虽是传说，不足为凭，但是从这里不难看出，低层的社会分子被抑压的苦哀。社会分层之迫力，看不见也摸不着。富而不贵，买来的官爵，显不出真正的威风，装不出炫耀的门面。

"驱民而归之农"

贱商的对面是重农。可是贱商和重农却是同一的作用，就是政治压倒经济，使皇帝把握住控制人民的大权。中国的皇权一直是建筑在农业基础之上的；而且也只有在这种农业的基础上，这类皇权才能维持。商贾的抬头便是地主的式微。所以为了维护这皇权的基础，商贾不能不加以压制了。

自"伏羲氏没，神农氏作，斫木为耜，揉木为耒，教天下"以来，农业始终是我们的国本。"壁土植谷曰农。"农业和土是何等直接，何等密切！即到现在，我国人还有百分之七十五以上，犹依旧在农业里谋生。可见我们的生活和土地是不可分割的，从土地上长大的，靠农业养活的，怎能不对土地不对农业发生亲密的情谊？《诗经》上说："维桑与梓，必恭敬止。"桑梓值得恭敬，对于培养桑梓的乡土，又如何不油然涌起爱恋之感？加以农业和土地难舍难分，因之农业人口似乎也有固着乡土的特性。不要说"父母在，不远游"，即父母已经逝世，也不能轻易地背井离乡，忘却祖宗坟墓所在的地方。所谓"安土重迁"，就是导源于此。

农业的生活是安土重迁的。大家生于斯，长于斯，朝夕相处，有个共同的本无形的抓在一起。传统的思想家，特别强调"本"的观念，所谓叶落归根。孔子也说"慎终追远，民德归厚"。对于维持世俗人心，都从"本"字出发，这并不是思想家不着边际的幻想。

这个本字实在就是农业的别名。农业既是国本，本之所在，何能忘恩负义？可是商业的社会是流动的，和农业的特性，针锋相对。"本末"原是对比的两端，传统的社会里，"本是农，末是商"。农业固着于地，商业脱离土地——这是对敌的局势，容易产生冲突的情感！

用实际的情形来说本末的冲突，也许较理论的引申，清楚明了。春秋战国时代，在日常生活里，工商业的重要性，日益增加。于是商人阶级乘机崛起。这是我国历史上一个空前的变迁，表现在"舍本逐末"的上面。舍本逐末，就是改农为商。人民从土地里跑出来，断了根，变为商贾；可是商贾的天下，不是祖宗的坟墓所在地，家神土主也管制不住他的行为，懋迁有无，鸡鸣而起，遍走江湖，其目的在孳孳为利。"不农则不地著，不地著则离乡轻家。""财生于不足，不足生于不农。"晁错看见这些情形，痛心地说：

> 商贾大者积贮倍息，小者坐列贩卖，操其奇赢，日游都市，乘上之急，所卖必倍，故其男不耕耘，女不蚕织；衣必文采，食必粱肉，亡农工之苦，有仟伯之得，因其富厚，交通王侯，力过吏势，以利相倾；千里游遨，冠盖相望；乘坚策肥，履丝曳缟，此商人所以兼并农人，农人所以流亡者也。今农夫五口之家，其服役者不下二人，其能耕者不过百亩，春不得避风尘，夏不得避暑热，秋不得避阴雨，冬不得避寒冻，勤苦如此，尚复被水旱之灾。④

这看法差不多代表了传统重农的典型观念。本来从农本上看，商业实系破坏农业安定的因素。要是"资末业者什于农夫，虚伪游手什于末业。是则一夫耕，百人食之；一妇桑，百人衣之。以一奉百，孰能供之？本末不足相供，则民安得不饥寒？饥寒并至，则民安能无奸轨？"⑤诸如此类看法，历史典籍里，可谓车载斗量，更仆难数。所以贾谊有"驱民而归之农"的论调："今背本而趋末，食者甚众，是天下之大残也，今驱民而归之农，皆著于本。"感动帝王，躬耕以劝百姓。这不是书生之见，空发议论！

舍本逐末，显然破坏农业生活的完整和安定。看不起商贾、贱商，不是偶然的事。自秦汉以降，传统的社会，一贯的重农抑商政策，始终不变，也不是偶然的事。而并非由于帝王的偏爱，思想家的空想，推本求源，都与农业有关。何况农民性情朴直，敬畏法令，《商君书》曰："属于农则朴，朴则令。"商贾多奸狡，且其经济势力危及人主。不抑商，不足以重农；要重农必须抑商。然后才可以做到"驱民而归之农，以著于地"。

帝王——大地主

贱商的一个主要原因，固由于不忘本——重农。可是尽管历代都主张重农抑商，实际怕是农并没有重，商亦没抑，结果有如晁错所说："尊农人，农人已贫贱矣；贱商人，商人已富贵矣。"

贱商，我想还要进一步加以分析，又要涉牵到前面所谈过的两个字："贵"与"贱"。因为农夫虽受皇权的保护，可是不贵，依然在贱的领域与商贾同病相怜；比起商贾，实际上还受皇权的压迫。商贾是流动的，尽管是末业，易于躲闪皇权的威胁；农民的老根深深埋在泥土里，易遭直接的摧残。"四时之间，亡日休息，急政暴虐，赋敛不时。"除了铤而走险，揭竿为旗，哪敢和皇权为敌！

"君要臣死，不得不死。"在崇高无比的天子面前，"士农工商"，本都是一视同仁，一样没有保障。富贵的天子可以使他贫贱，贫贱的天子可以使他富贵，老百姓的生命财产全是皇帝的私藏。"君者出令者也，臣者行君之令，而致诸民者也。"[①]皇上的基业，"能以马上得之，却不能马上治之"。一定要有人帮同管理；帮君发号司令的人，不能不给他们以"功名富贵"。"贵为天子，富有四海。"皇权独占着天下之富，依他的主意，分赏给帮助他获取政权和维持政权的臣仆家奴。

荀子在《富国篇》说："人君者管分之枢也。"《王霸篇》解释分的意义是"农分田而耕，贾分货而贩，百工分事而劝，士大夫分职而听，建国诸侯分土而守，三公总方而议，则天子共己而止矣"。在"普天之下，莫非王土"的前面，帝王实际是一个全能的大地主。不是吗？历来做官的，做家奴的，都称自己吃的是皇家的俸禄。因之政权何尝不可看作是地权？"帝"和"地"在事实上相通的。帝王一般的通称是天子，可是在我们的社会上天与地又是一个不可分离的名词。这也许由于与农业有密切关系。因为农业的生产，一方面不能离地，同时也不能脱离天时。农业的生产，是靠天地的生产——皇天后土。乡里人在乱世都希望有"真龙天子"出现——龙是水，同时也是皇权的象征。

帝王是大地主，家奴臣仆，不过是皇上的大小听差。听差们可以在大地主的私产里分一杯羹，吃皇帝家的俸禄。自秦汉以后，仕宦的途径，或由选举，或由学校，隋唐至清，则出于科举。所以行政全由官僚包办，官僚几乎全是地主的产物。士大夫可以说是大地主下的小地主，历史上的士大夫，不一定全出身地主；可是等到做了士大夫以后，摇身一变，也成为地主。皇上利用儒生维持自己的天下，书生也依靠皇上维持他们的利益。互相依靠，他们共同的利益是在维持这安定的生产基础——农业和土地。他们不能容许末业者流："运其筹策，上争王者之利，下锢齐民之业。"因为这是"伤风败俗，大乱之道"。⑦不能容许舍本逐末的商贾破坏其间的痛痒关系。贱商，历史的事实，利害的产物！

这种利害关系的结合，商贾难道不明白其中的道理么？"学而优则仕"，商贾明知此路十分困难；在另一方面，他们也明白土地是权贵的基业，于是只有把资本投入土地，作为上跳贵层的桥梁。历史上商贾兼并农民的现象，异常普遍，这莫不是传统商贾改贱入贵的一幕惨剧！在绝对的皇权下，只容许贵而富，不容许富而贵，"贵为天子，富有四海"，所希望是"四海澄平"、"万世基业"。谁要冒天下大不韪来破坏这个大一统的局面，谁要在太岁的头上动土，便会断子绝孙，诛灭九族！

桑巴特（W. Sombart）有一句名言，说是在资本主义以前的社会里，人们由社会权力获取财富；在资本主义社会里，人们才能由财富取得权力。何以我们传统的商贾，不能摇身一变，由财富取得权力，打破由贵而富的僵局？绝对的皇权，贵贱的分层，贱商与商贱，也许是其中最为基本最为主要的一个原因。财富在权力之下，谈什么保障，发展更是不容易了！

注释

① 《史记·越王勾践世家》

② 《史记·货殖列传》

③《荀子·儒效篇》

④《汉书卷二十四上·食货志上》

⑤王符《潜夫论卷三·浮侈篇》

⑥韩愈《原道》

⑦《汉书卷九十一·货殖列传》

论王权与兵

全慰天

力的统治

人类固然是具有理性的动物，多少能够用和平手段达成"群居和一"的目的，但最后支配人类历史的毋宁还是力。人类历史充满了火药气味和鲜红的血渍。和平只是暴雨中间从云缝里筛下的阳光，少得可怜。而且这种和平的出现，或者是由一个主力统治了一切，或者是由几个力取得了暂时的平衡。"和平"始终被"武装"着。

"话说天下大势，合久必分，分久必合"，是中国传统社会的有名写实。所谓"合"是由一个帝王统治全国的局面；帝王并非神授，也不崇伟，只是一个无敌于天下的力的象征。所谓"成则为王，败则为寇"的关键系于力。假如这一个力发生动摇，甚或崩解，则天下英雄蜂起，代之以许多力。这些力彼此不相上下，不相隶属，遂演成一个逐鹿中原的"分"的局面。由于这局面下田园荒芜，骨肉流离，等到人民把苦头尝够，发为"宁为太平犬，勿作乱离人"的愿望时，这几个分别独立的力又视人心之所向，见出一些高低，最后收拾残局，再度出现了由一个力统治的"合"的盛况。

传统社会里握有这种力，表现这种力，甚至于象征这种力的人就是兵。"秀才遇着兵，有理说不清"，正因为兵就是力。秀才的理如没有另外更大的力作后盾，岂止是"说不清"，而且愈说愈变得没有"理"。秀才碰兵，如卵碰石。传统社会的兴衰治乱，无疑是由兵所完全支持。至少兵在这演变中自始扮演着重要角色。天下的得失及其命运，都是兵在马上决定的。

孟子所谓"劳心者治人"的"劳心者"如果是指传统社会手无缚鸡之力的读书人而言，"治人"是指实际掌握统治权而言，这话是不正确的。孔子是"劳心者"的典型，何曾真正有过"治人"的机会？孔子始终是"素王"。孟子更连"司寇"都没做。这类"劳心者"万一学而优则仕，也不过为少数真正统治者帮助行政，受命从事而已。历史上视天下为私有产业的真正统治者，只是"不但能将兵，而且能将将"的刘邦一流人物。这类人物却并不需要读书五车。兵才是真正"治人"的人；其余无论"士农工商"，手无寸铁，都是"治于人"的人。后四种人在相当限度内，多少要俯首帖耳，唯兵的命令是从。传统社会一般认为"士农工商"四民，而不包括兵并称为五民，或因兵非民，而是统治者的缘故。

就一般统治权力产生的性质说，概念上或可分两类：同意权力与强暴权力。同意权力是由于取得被统治者的同意而产生的，法儒卢梭的民约论代表此说。强暴权力是由统治者以武力征服被统治者而产生的，奥儒克劳塞维茨的战争论代表此说。王权无疑是由后一种性质产生的，虽然事实上王权的运用也不能过于失去民心。由于传统社会地广人多，民智不开，其王权与兵力的关系非常密切，是显而易见的。王权就是兵力的统治。

兵有两种

就兵与王权的关系说，可以分兵为两类：一种是直接掌握王权的兵，我名之为统治兵；一种是间接保卫王权的兵，我名之为工具兵。这两种兵的性质大不相同。传统社会里，战国以前可说是统治兵的时代，以后是工具兵的时代。

周初封建及春秋时代，社会截然划分为两个阶层：贵族是统治者，平民是被统治者。这些贵族男子都以当兵为职务、为荣誉、为乐趣，视不当兵为莫大耻辱。他们军心的旺盛是无问题的。在全部《左传》中，我们找不到半个因胆怯而临阵脱逃的兵。连天子之尊也亲自出征，甚至在阵线上受伤。周桓王亲率诸侯伐郑时，即曾当场中箭。至于一般平民则没有充当这荣誉职务的机会。

他们在军中但从事下贱的劳役，如烧饭之类。他们是小卒，不是兵。

上述贵族兵都直接掌握一部分统治权。换言之，这时代的王权是依封建原则分割与千千万万兵的。天子直辖王畿，"公侯皆方百里，伯七十里，子男五十里"，卿大夫与士至少也类似今日大小地主。各个兵分别对其领地内的人民、财物有独立的支配权，原则上不互相干涉。虽然每个兵管辖范围有大小之分，但不是没有，否则除非不是兵。兵与王权是合一的。他们起初是勇敢善战的兵，有力量，成了统治者；接着他们自己或其子孙为保卫甚至扩大王权，又不得不当兵。不被允许当兵的平民只能乖乖地听其役使。这时王权与平民无缘，错了也轮不到他们头上。

"治人"有两个必备条件：一是治的对象——"人"，二是治的方法——"治"。在分工不发达，也不需要细密分工的小王权领地内，这两个条件要求统治兵，不但能武，而且能文；不但是兵，而且是士；不但专会打仗、保卫或扩大王权，而且善理民事，运用或玩弄王权。统治兵必须文武合一。统治兵的力使他卸却了劳苦的工作，换来了优游的闲暇，可是闲暇要拿来从事"庠序之教"。在其主要课程六艺中，武事方面的"射御"与文事方面的"礼乐书数"要兼容并包。这文武合一的风气直使春秋末期专门提倡文教的孔子，尚身佩宝剑，周游列国。孔子弟子也非常好斗，甚至弄得老师严正地说："血气方刚，戒之在斗。"战时要驰逐疆场，平时要习文讲武，统治兵并不是容易当的。优裕生活之享受是有条件的。

由于这种贵族统治兵的独立性，其间难免不相互兼并。他们间和平相处的封建原则，好像系群虎的一条细线，迟早要失效，至于完全土崩瓦解。历史必然把他们带入列国惨酷的战争。"退避三舍"与"请与君之士戏"的尚礼战争随时代过去后，必然代之以"坑降卒四十余万"的局面。统治兵所掌握的不受限制的力，不在这场合辨不出高下来，有什么办法呢？在战争过程中，许多统治兵国灭身死，幸而不死，也下降为平民。于是由"万国"而"八百诸侯"，由"八百诸侯"而"七雄"，到秦始皇统一六国时，这样统治兵已只剩一个，这就是帝王。等到既不能文，又不能武的第二代帝王出现时，统治兵便可以说是退入历史舞台的幕后去了。

统治兵包括三要素：文、武、王权。"三"者合而为"一"才是统治兵。

战国以前这样的统治兵是很多的。换言之，有很多这样的"一"。等到这许多"一"演变为一个"一"后，这个"一"本身又不得不分化为"三"，即帝王、文臣、兵将。帝王掌握统治权或王权，文臣专理民事，兵将专司战争；三种人分工合作，以完成古代一个统治兵的任务。这"三"种兵与统治兵的性质很不相同，虽然它是由统治兵蜕变出来。它与文臣同只是掌握王权的帝王的工具。这种兵即我所谓工具兵。

工具兵是王权少不了的工具。帝王的金龙宝殿主要建立于这种工具兵的基础之上。汉初南北军，隋唐府兵，明朝卫所兵，以至清代旗兵等，都曾为王权尽了这功能。等到这类兵及其兵制受时间腐蚀，或其他原因，失去了强大的战斗力，则王权也随之进入风烛残年的景况，至于完全坍毁。所以从这一方面设想，工具兵应当常受帝王的重视与恩典，当王权受强敌威胁时更应如此。事实上如战国列王重视"耕战之士"，其余皆属"五蠹"；刘邦为了制服楚霸王，不惜对韩信斋戒沐浴，设坛拜将；刘备愿与关张结为兄弟，并于风雪中三顾茅庐，聘请诸葛亮为军师；现政权掌握者当内忧外患之际大叫"军人第一"的口号，犒赏、劳军与颁勋章一类花样，不惮烦扮演；都无非是重视工具兵的表示。不过，这只是工具兵的幸运一方面而已。它的悲惨那方面的情形是更加显著的，留待下文申论。

帝王的矛盾

独占王权的帝王，除了长生不老，可以要怎样便怎样，不要怎样便不怎样。无论德儒叔本华所谓人生的求生意志，尼采所谓求胜意志，王权都能给予充分的满足。王权万能，占有者要千方百计保卫它，否则也要千方百计夺取它。基于这个理由，如何维护并巩固王权是每个帝王心里的唯一大事或第一原则。帝王的一切言行大都受这第一原则的支配。所谓"为民为国"全都是谎语。这原则是本节讨论的大前提。

基于上述帝王行为的第一原则，工具兵为帝王所器重是可能的事实，如上文所述。但这同一原则也很可能使工具兵遭遇悲惨的命运。因为一般工具兵与帝王是分开的生物个体，中间没有神经联系，各自祸福与命运并不是同一的。

"普天之下，莫非王土；率土之滨，莫非王臣"，工具兵在名分上分不到一杯羹。他们甚至是"君欲臣死，不得不死"的。因此，他们并不一定死心塌地地为帝王做工具，甚至于常反过来变为对于王权的一大威胁。大司马王莽有机会"受禅"，何曾愿为年幼的平帝摄政？大将军赵匡胤有机会"陈桥兵变"，又何曾顾虑寡妇孤儿的福命？工具兵遭受帝王第一原则的残害，原因在此。世上可爱的人也常是可恨的人，帝王眼底的工具兵就是一例。

威胁王权的力量有武臣，有文臣，甚至于全天下的人民。不过其中以武臣或即工具兵为最。兵的威胁大到可以使帝王不能一日高枕而卧，至少宋太祖是如此。鲁迅所谓"一首诗唱不走孙传芳，一炮就把孙传芳轰走了"，虽然语出滑稽，却含无限真理。王权是力，只有用力才能把它打倒。所以从独占王权的帝王设想，最好是在天下大统一之后，使变为一个无兵的世界。除了他自己，再没有第二个兵，连自己的工具兵也没有一个，以满足他的"安全感"。韩信所谓"飞鸟尽，良弓藏；狡兔死，走狗烹"，的确道破了帝王这一方面的思想。秦始皇"收天下兵，集之咸阳，铸金人十二，重各千斤"；汉高祖与明太祖大杀功臣；宋太祖干得比较聪明，很轻易地于杯酒之间就把其他大将的兵柄取消了，便是这类思想的铁证。

不幸无兵的世界只是帝王的一种空想，帝王不可能，也不愿意在现实社会中实现。因为王权本身就建立在无敌于天下的兵力之上。帝王虽或是一个大兵，却还是人，生理上并没有什么特殊超越的地方，可以之制服天下人民，使其俯首称臣。在一般人随时可以揭竿而起的时代，他又不能独占特殊武器，以一敌万。楚霸王"力拔山兮气盖世"，当其士兵闻萧逃散之后，也被迫不得不乌江自刎。何况其他帝王在这一方面还不能和楚霸王相比！即使天下没有内乱，一条万里长城也抵挡不了"胡儿"。平时要有工具兵戍边，战时更要有工具兵平边。所以尽管帝王惧怕工具兵对于王权的夺取，不希望有兵，而事实上却除非他没有王权，或不希望保持这王权，便不可一日无兵，甚至于不可一日无坚兵锐旅。所谓"兵可千日不用，不可一日不备"，这是帝王不可避免的内在矛盾。

而且事实上兵又是消弭得了的吗？在飞机、炸弹、坦克车、大炮、原子弹等新式武器还没有被使用的时代，物物随时是可用之武器，因之人人随时是可战之兵将。犯上作乱虽是"禁忌",但过了一定极限,这"禁忌"并不能彻底消灭揭竿而起的陈胜、吴广之徒。除非帝王把全国人民杀尽,无论当亭长的刘邦,屠狗的樊哙,贩布的徐寿辉,务农的徐达,做和尚的朱元璋,斩草除根,一个不留,否则兵是消弭不了的。但如此称孤道寡的局面,将使王权失却意义,或者王权本身也就根本不存在了。

被软禁了的兵

兵不能不备,也不能使之没有,却可被软禁起来。这是帝王为免除矛盾不得已而求其次的办法。所谓软禁的第一步骤是文武分家,第二步骤是重文轻武。

职能分化原是社会演化过程中的必然现象。文武分家即其一端。不过帝王更在文武分化的过程中起了加速作用。因为最能威胁并夺取王权的是文武合一的人才,这种人兼备智多星吴用与花和尚鲁智深两种本领于一身,天下没有难事干不起来。王权理当属于这种人。帝王在其第一原则之下,虽不能消灭所有的人,至少也要设法消灭这种文武合一的人才。少一个韩信,必然对于刘家王权多一份安全感。如果武人只有勇无谋,而文人只有谋无勇,武人除了打仗,什么都不知道,文人则生得非常单瘦,手无缚鸡之力,便都不易干起大事来。人为自利计,既不易与权力作对,便翻然向权力帖伏,至少图谋推翻王权的可能性要小得多。这局面是帝王愿意有的,愿意的他就要使之出现。

由于文人只会吟风弄月,胆小如鼠,较"一介武夫"更摇动不了王权,所谓"秀才造反,三年不成",故帝王进一步重文轻武。"楚王好细腰,宫中有饿殍。"只要帝王多选举几次"孝廉",科考几次"明经",把考选录取的文人予以官禄,这软禁天下兵的陷阱就算设置妥当了。历代盛世,文官重于武官,同品文武二员,文员地位总是高些,更是帝王有意为这陷阱筑好的铜墙铁壁。一般人在此情况下,自甘黄卷青灯,把毕生精力消磨在纸笔墨砚间。即使白头,也要考一个文秀才,以光耀门庭。于是文风蔚起。

文风蔚起的反面就是一般人不愿当兵,也不愿习武。因为当兵习武是比较下贱的路子,遭人瞧不起,它的出息也不如学文来得大。并且习武当兵,多少带有生命危险，"古来征战几人回？"退一步说，一般安土重迁的人民，要他们在交通不便的情形下，子别爷娘夫别妻，千里迢迢去从军，即使不身为俘虏或骨暴沙砾，心上已受够离乡背井的痛苦。冒危险，受苦痛的事情，除非有特殊代价或诱惑，人是不愿意干的，而竟被认为卑贱，反不如坐在安乐的家里吟一首诗来得高贵，是好男儿，谁愿当兵？"好男不当兵"，是帝王重文轻武的锦囊妙计。

由于王权与兵的不可分割性，上述帝王锦囊妙计的成功只是一方面的。就另一方面说，这"计"可并不太"妙"。

传统社会稍有权势和财产的人都不愿当兵。平民迫不得已从军时，妻子"牵衣顿足拦道哭，哭声直上干云霄"，恨的是拦不住。既去，"偷将大石捶折臂"的，又岂止"新丰折臂翁"一人？皇家事既不干己，更加上"好男不当兵"的风气从中作祟，征兵制的命运必然要被募兵制所替代；而所募集的兵丁不是"好男"，原是可想而知的。贫苦人民在走投无路时，才出此最后一策。目的还不在当兵，而是在"吃粮"。这种兵当人口压力甚大，生计维艰时，可能还不感缺乏。否则连"室中更无人"的"老妪"也被捉去"备晨炊"，或"赦天下死罪以下，皆令从军"，或"发奴为兵"，或借用胡人充当兵卒，以期足供使用。这种兵与战国以前的统治兵比较，品质差劣太多。这使帝王金龙宝殿犹如建立在沙漠上。

假如历代没有强大的外族侵扰，这种品质卑下，战斗力薄弱，被王权软禁了的工具兵，或可勉强供帝王使用。用以镇压文弱的老百姓，还是绰有余裕。不过用以抵挡尚武精神的"胡儿"，则有如以卵投石。历史上汉高帝困厄于白登，吕后受辱于单于，宋徽钦二帝被金兵北掳，高宗偏安江左，至少一部分原因在此。王权自搬石头砸了脚，当内忧外患紧急时，痛得格外厉害。自种苦果自己吃，怨不得天，也尤不得人。

新足球赛

王权好比是兵的足球。传统社会里，这被踢足球也曾改变踢球者的品质与地位。统治兵与工具兵品质的优劣，地位的高低，相差如此悬殊，其主要决定力在于王权性质的不同。现在正又面临一个新足球赛的高峰。它和传统社会足球赛的差别，要从下列因素的分析去了解。

由于现代科学进步，新武器使用，权力占有者可以设法独占最新式武器，以一敌万，臣服天下人民。这比秦始皇收天下兵的效果要大得多。秦始皇收天下兵后，人民依然可以揭竿而起，而在新武器被独占的情况之下，单凭木棒与竹竿起事，却等于送肉上砧板。科学对于新统治者的恩赐是显而易见的。

当前列强竞争的局面与中国以前战国情形有点近似。秦汉以后但有匈奴、突厥、五胡等蛮族的侵扰，不足与今日列强相比拟。在现在局面下，由痞徒、流氓、囚犯、奴隶等所组成的工具兵队伍，绝对不堪使用。连一个日本也不曾招架得了。时势逼着新统治者不得不提倡尚武精神，以"好男要当兵"替代"好男不当兵"。否则新武器不得充分善用，士气不可能提高，将无以自存于今日，而人人尚武的局面又不能满足新统治者的"安全感"。

科学固然带给新统治者以独占的武器，但也诞生了"人民世纪"及其思想，这是当前统治权力发生动摇的主要根源。因为新统治者不能躬亲驾驶所有武器，仍需要头脑灵敏、知识丰富的工具兵的忠忱。而这类工具兵在"人民世纪"的今日，不可能不感受一些"人民思想"的刺激。他们的辨别能力与是非之心不容允一味忠忱，盲目开枪。假如师出无名，则士气不可能提高，甚至宁愿把机关枪向天射击，把炸弹投掷在崖山上。本来可以独占的新式武器，由于这漏洞的存在，效用并不能如所期望的大。有时甚至全师或全军的新式武器，转眼间变成了对方的装备。

上述三因素对于今日新足球赛的表演都起着很大的作用。独占科学武器对于新统治者无疑是正作用。列强竞争及其所引起的人人尚武的局面，与人民思想的广布，则均是于新统治者不利的。三者正负作用相抵的结果，将是这次足球赛的胜负。这胜负自然还是取决于兵力。

论"家天下"

全慰天

中国社会中所流行的"家天下"一词，似乎可以有两个不同的解释：一为天下是由某家所统治的意思，如唐代是李家天下，宋代是赵家天下；一为天下是由千千万万家所组成的意思。根据后说，不但以前中国社会是道地的家天下，辛亥革命迄今仍是家天下。

统治天下的家即特殊皇家，组成天下的家即一般民家。民家有家长，皇家有皇帝。皇帝与一般家长同是一套道德标准的对象人物：皇帝是臣属尽"忠"的对象，家长是子孙尽"孝"的对象。"君欲臣死，不得不死；父欲子亡，不得不亡。"未做官之士谓之"处士"，未嫁人之女谓之"处女"，此二"处"字尤其是一个字。所以皇帝与家长，只有程度之差，而无种类之别。皇帝大家长，家长小皇帝。本质上是一致的。所以上述"家天下"的两种意义，其实就是一回事。无论如何中国目前还是家天下的局面。

家天下要从家去了解。而且从一个皇家与皇帝去看中国，毋宁从千万家及其家长去看中国，更能把握它的本质。

家族为了事业

首先略论家族团体在中国社会中的地位及其性质。

家族团体在传统社会中占很重要地位是毋庸讳言的事实。有人即谓中国文化为家本位文化。周初封建社会宗法家制之严谨，是中外罕见的。此后除秦及汉初短时期，由于商鞅辈变法的影响，大家族频于解体，近似今日西洋小家庭盛行外，自汉武帝直到现在，两千余年间，无论社会哪一阶层，尤其士大夫与地主中，大家族制始终牢不可破，未尝动摇。六朝门第观念，即是这种大家族过于发展的自然结果。数十人共一锅吃饭的大家族，在中国古风淳朴的内地村镇，至今犹不难见到。

大家族扩展，以至于笼罩传统社会中其他一切制度。任何社会均有经济、家族、宗教、政治、教育等主要团体及其制度，分别满足个人有机需要的各个方面。尽管各团体及其制度同样紧密配搭在一起，好像蜘蛛网，牵一丝可以动全局，但其配搭的形式与重心，却常因时因地而大异其趣。中国社会中家族团体是各种制度配搭的中心。无论经济、宗教、政治、教育等制度，均以家族团体为主而结合在一起。假如可以加重形容这事实的话，我愿意说，这种大家族生活的场所，不只是家庭，而且是工场、教堂、政府、学校之所在。中国人从生前到死后各方面的生活，均可以，或只能在这种大家族团体内顺利进行，求得满足。除非他被充军或抽去当兵，照例是"朝于斯，夕于斯，生于斯，死于斯"的。家，是每个中国人的一切，除了少数流氓或"江湖好汉"。中国社会中除了家，还有什么呢？家天下里只有家。

从这种家族的性质说，它是事业团体。所谓"兴家立业"正反映了传统社会的这一实质。"兴家"是什么意思？就是"立业"；反之，"立业"也就是"兴家"。二者只是一件事。不但刘邦曾以帝业即家业，所谓"某业所就，孰与仲多"，一般人民也视家族为唯一事业团体。其事业的成败关系全家人的富贵贫贱，生死荣辱。祖与父的成就，可以荫庇子孙；子孙的成就，也可以"扬名声，显父母"，否则便要"替父母招骂名"。一个人做了大官，被封赠三代，犯了国法，被诛灭九族，原是历史上常见的事实。家族，一串生物的血统关系，真把全家人连锁成了一个牢不可破的事业团体。为了事业，甚至"父为子隐，子为父隐"。一个人既生在某家，就必须抱定生死与共，风雨同舟的精神，为这家族团体的事业而努力。家族的事业就是他自己的根本事业。除非他自甘穷愁潦倒，不怕家人埋怨，就得乖乖地干这个。

这种家族不但是唯一事业团体，而且是唯一永久事业团体。西洋家庭的夫妇常因感情不和而闹离婚；否则孩子长大另组成小家庭，老夫老妻终归一死，也不过数十寒暑就完了。中国家族不如此。它来的"源远"，去的"流长"。它也有"继往开来"的使命。若一个人只能兴家立业，轰轰烈烈于一时，而"无后"承继他的事业或祖宗禋祀，传之永久，依然被认为"三不孝"之"大"者。反之，假如儿孙满堂，后启有人，他会引为无上快慰，死可闭眼，含笑九泉。"旧时王谢堂前燕，飞入寻常百姓家"，究竟是令人惋惜不置的大事。

由于家族团体的上述性质，每个人眼底必然只看见他的家，其一切行为都是为了他的家。各人自扫门前雪，休管他家瓦上霜，在这基础上来看国家社会的一切现象，自然不难索解。这且留下文申论。

全能家长

家长与家族团体是部分与全体的关系，而且是这团体的主要部分。家长无疑在家天下里扮演着主要角色。故为深切了解家天下，家族团体的分析之外，还有进一步讨论一般家长性质之必要。

中国社会给家长规定的职权是非常繁重的。家族事业团体要求家长做一种全知全能的人物。首先由于这类家族是经济生产单位，家长遂兼有这生产事业的总经理职权。士农工商都不失为家族生产事业之一，家长有权决定干哪一门生产事业。工作过程中的计划与步骤也由他拟定。他的一句话就是家属的命令。比如他以务农为业，则他有权决定种田多少亩，是否雇工，妻子分别做什么事之类。无论经营哪一业，家产总是掌握在他的手中。他的妻子固然可以使用家产，及享受家产所生利益，但习惯上没有家产的处理权。请凭中证买卖田地房屋，总是家长的事。

每一家族以祖先祭祀代替宗教崇拜。家长又是祭祖时的主祭者。祭文上"嗣孙某某偕男某某等"的"嗣孙某某"无疑是现任家长，以他为主，率领子孙"致祭于历代祖先之位前"。家族内妇女不能参与这事。非天子而祀天，非家长而祭祖，同有僭越嫌疑。家长好比是牧师。

家族又是学校团体，家长就是这学校的教师。在变动性不大的传统社会中，前代累积的经验传与儿孙同样适用。儿孙所需要的知识程度不必超过前代，实际上也很少超过前代。由于知识经验与年龄成正比，家长自然是子孙学问上的权威。他说，"你老祖父当年如何"；没有机会到老祖父那儿"留学"的儿孙，便无法反对，唯有听从。如果家长是铁匠，儿子自小便学打铁；如果是农夫，儿子自小便学种田；书香人家的家长更无疑问要教儿孙熟读经史子集。所谓"师徒如父子"，"有其父必有其子"，是传统社会的必然现象。

假若子孙不听教训，为非作歹，则家长又以法官身份出现，予以惩罚。家长对这类子孙，由斥骂以至鞭挞，都是"天之经，地之义"。

总之，由于家族团体的职能是多方面的，家长的职权也是多方面的。他真是一身系家族安危。上面不过列举他几种主要职权而已。但由此已可见家长是兼备经理、牧师、教师、法官等职份于一身的人物。反过来说，他的妻子也不只是妻子，同时是他的助手、信徒、徒弟与庶民。由于传统社会分工不发达，这类一能百能，无所不知的家长，原是必然的产物。他为家族事业不可能不做一个道地的"全能人物"。孔子所谓"一事不知，儒者之耻"，未尝不可以视为这类家长的教条。

不过每一家长实际上是否真有很高才能，却殊不可必。一个人之当家长，不需要大学文凭或经历证件，也不必通过任何方式的智力测验，只要他是前任家长的"长子"，一个不由人做主的所谓父精母血的幸运结合，则当父亲死后，便可以也必需承继父位而为家长。除非年老力衰或寿终正寝，谁也不能动摇他的地位。诸葛亮于阿斗亦无可如何。所以传统社会中不少笨伯扮演着全知全能的家长。这是家天下的悲剧。

纪律排斥了亲密

上述只是家长特性之一，即全知全能的特性。其第二种特性便是常在家人眼底表现一副尊严面孔，俨然百般威仪，神圣不可侵犯。

这与西洋家庭中夫对妇，父对子的态度殊不可同日而语。他们夫妇之间的亲密关系是显而易见的。同赴宴会，同访友，同游公园，夫妇手拉手在路上走，一点不足为奇。父子也常在一起开玩笑。父亲叫儿子小名，儿子也叫父亲小名，彼此备觉亲切之感。无论玩球、溜冰、跳舞，父子可以同时参与，没有拘束。他们之间不大计较尊卑长幼之分，更没有什么忌讳。夫妇父子互相抱吻，无论在人前人后，都是司空见惯的事。家是感情的熔炉，热烘烘的，否则便干脆离婚或整个瓦解。

　　这情形甚少见于中国社会的家族团体中。由于家族在中国是与每个人生死荣辱、息息相关的事业团体，身系安危的家长对于其妻子的关系包含着纪律。纪律排斥了亲密。夫妇之间相处的态度是"相敬如宾"；父子之间很少说话；媳妇尤须躲避"公公"，好像老鼠怕见猫。家内如有要事商量，父子也许说几句所谓"正经话"，说完又归于可怕的沉默。"父子间有什么笑话可说呢？"如儿子对父亲随便谈笑，则不合体统，父亲对儿子如此，更有失尊严。纵然家长是非常诙谐的人，但在妻子，尤其成年子女面前，总须装出一副严肃的面孔，动口不是教训，便是斥骂，好像不如此不足以为家长。《石头记》里王夫人或宝玉何曾常与贾政一起说笑？贾政哪一次不是为要规训宝玉才叫他到书房去？

　　历代皇帝大家长更是如此。他们总是深居简出，与臣属保持一相当距离，以显示他高高在上的威仪。贾谊说："人主之尊譬如堂，群臣如陛，众庶如地。"邓通在汉文帝前恃宠怠慢无礼，宰相申屠嘉见了便进谏道："陛下幸爱群臣，则富贵之。至于朝廷之礼，不可以不肃。"并把邓通檄召到相府，声色俱厉申斥一顿："通小臣，戏殿上，大不敬"，最后还要"斩"。后汉哀帝酒醉后从容视董贤笑道："吾欲法尧禅舜何如？"中常侍王闳即反对说："统业至重，天子亡戏言。"由此可见一般家长对其妻子也是"统业至重"、"亡戏言"的。

　　假如身系安危的家长允许感情奔放在家族事业团体中，有时固更能加强家族的联系，但由于感情变幻莫测，难免不因感情使大家由爱转到恨，以致陷家族事业于瓦解。而这是传统社会中天大的不幸事件，等于宣布家族内每一个人的死刑，千万尝试不得。为免除此种弊害，非排除感情，代之以纪律不可。至于这类家长在家族圈子以外，有他特别的知己，甚至异性知己，原是常事。皇帝在后宫也不如在金龙宝殿上表现得严肃。人不能老是在严肃中过日子，只要不妨害紧要事业的进行，这是可以而且必需的。传统社会的家长或很明白感情与事业不并行的道理。

能打胜仗的军队，常是不讲感情，纪律森严的军队。俱乐部里除了笑声什么也没有。为成全家族事业，家族内每一个人的生活与安全，家长的威仪是缺少不得的，纵不免有时装腔作势。假如家长没有尊严，便不能"令"；假如他对妻子失去威信，便不会"受命"。这是一加二等于三的道理，既简且明。

独裁的摇篮

独裁作风也许是家长的第三大特性。

由于中国知识分子"四体不勤，五谷不分"，而直接参加生产工作的只是孟子所谓"小人"或"劳力者"，故生产技术非常不发达。而可耕地的限度与"不孝有三，无后为大"的原则，又尽可能增加了人口的压力。这是一个"一夫不耕，或受之饥；一女不织，或受之寒"的局面。在此情形下要推进家族事业，谋取全家最低生活，并不是容易的。家族事业及其命运好比航行在大风浪的海洋，时时有危险。危险带来了家长的独裁，因为这是系全家族生死的大事，覆巢之下无完卵，千万不能视这种危险如儿戏。家长以其超越的年龄与经验，自然要绝对把握舵柄，丝毫不放松。他的妻子一般经验不如他，也甘愿把自己命运交给舵手，俯首帖耳，听其指挥。紧要关头不如此便要翻船，至少翻船机会要大得多。中国社会是产生独裁家长的摇篮。

家长虽不讲求民主，没有民主的习惯，却很带有民本精神。人是要老死的，他死后总要继替有人。因此对于自己儿孙，尤其承继家长位置的长子，不能不过分重视，如同"掌上明珠"。中国社会中甘愿为儿孙做牛马的家长并非少数，不过唯其对儿孙期望过于殷切，把儿孙看得过重，民本精神到了底，故给儿孙的"家教"或"庭训"也不免失之过严。这原是人之常情。所以千方百计，一丝不放松，总要把儿孙教训成为他所想象的那么一个人。有名的《颜氏家训》、《朱子家训》及马伏波将军戒马侄偬之际"申父母之戒"的家书，即是这情形下的必然产品。

不幸在这类"家教"没有产生家长所理想的儿孙之先，儿孙早已变得失了灵魂，呆若木鸡，因为在严格"家教"下，儿孙已不是掌上珠，而是家长手下的釜中鱼、俎上肉，只有任其宰割。家长说"应当如何"，他们便如何；说"不应当如何"，便不敢如何。他们除了服从，不可能有自主和独立的人格。否则便是"不肖"，要接受严厉的处分。经过如此一番宰割与蹂躏的儿孙，必然奴才成性，不懂民主。等到他们的家长死后，出了青天，自己做家长却又同样独裁。因为最能服从别人的人，也是最需要别人服从的人。中国家长很少不兼备这两种相反的人格：对父母善于服从，对子孙善于凌暴。历史原是一段因缘果报缀合的过程，前人种什么因，后人食什么果，这里或可见其一斑。

"家天下"的政治

中国社会即所谓家天下的本质，主要决定于上述的家族及其家长。

由于每一家族内联系很紧，所以整个社会类似一盘散沙。家族的性质带来了家天下的如此命运。所谓一盘散沙的性质见于国家行政中。在宦海浮沉的大小官员，大都出身家长，尤其是书香人家的家长。他们一心只以自己家族事业为重，出仕的目的在光耀门庭，或"五斗米"俸禄；退一步说，至少因此可以保全家族的人丁和财产，皇家抽丁和征税不轮到大官员家族里来。所谓醉翁之意不在酒，而在"一把伞遮一乡人"。因此，家天下的政治必是：消极方面无能，积极方面贪污。

就消极方面说：由于这类官员是"休管他家瓦上霜"的家长，故于国事并不热心。他们只求做官，绝不愿意做事。凡事只要能用公文程式推诿过去，交代清楚，自己就一身轻了。他们多是游山玩水的高人雅士，也有游山玩水的逸致闲情。古代王羲之的《兰亭序》，欧阳修的《醉翁亭记》，就是这情形下的产品。这是最聪明的自私办法。像孔明那样"鞠躬尽瘁，死而后已"的精神，只不过是一种很少的例外，"愚忠"而已。所以这种官员行政效率之低，乃必然的结果。如果说这些官员本人都是低能，自然不正确，不过他们有能力而不愿表现，却是不容否认的事实。

这类官员不只是消极地不做事，进一步还要援引亲朋，贪刮钱财，为自己家族增强社会及经济基础。这套行为是他们家族思想的必然结果。甚至从传统社会家属观点来看，如此家长才是最能干，最值得骄傲的。当然历史上也有不少清官，宦游数十年，竟"无一瓦之覆，一垄之植"以终老，但究竟是少数。"哪个猫儿不吃老鼠？"而且如此也无非为家族博得好荣誉。与上述贪刮钱财的目的不但不冲突，而且殊途同归。假如熊掌与鱼可以兼得，我相信历史上将找不到这类清官。

官员作风也就是家长作风的翻版。上述家长三种特性，都可在官场见到。由于家长在家族内所掌职权的多面性，故其做官时，但求官位之高，什么职司都似能胜任。学工程的可以当教育部长，不懂经济可以当财政部长。如有机会，他愿意一身同时兼数职，胸前挂满勋章。无论政治、军事、经济、教育、法律、宗教等，他都懂得的样子，自然由宰相、总司令、实业部长、大学校长、法官、宗教领袖等，他都不必"谦辞"。本来家长对诸事都是不"谦辞"的。德高才大，固然可以如此；蠢如猪牛，也并不以此汗颜。兼职兼薪也许是由于生活的驱使，但为什么有人兼职不兼薪也欢喜呢？或只能由家长全知全能的特性寻求解答了。

这类官员，尤其有相当职位的官员，常深居简出，在其下属和人民眼底，保持一副尊严面孔。似乎如此才有官品或官格。美国大总统可以在街上和普通人民握手，家天下官员是不习惯的，初听或可能笑掉大牙。他们和群众见面的时候是在高大的演讲台上，俨然像家长般"致训"。这与"家训"的精神与味道是一致的。

善于做官的官员大都具备两重相反的人格：对上司善于服从，对下属善于凌暴。为了官位的稳固，他愿意，也能够俯首帖耳，接受上司的颜色。反过来，把所受怨气转嫁与他的下属，做得出，也做得好。在"君欲臣死，不得不死"的皇权下为臣，如自小受严格庭训，奴才成性，如何能久安于位？所谓"天王明圣，臣罪当诛"，就是这种人干出来的。但这同样的人"一朝权在手，便把令来行"，盛气也够凌人。用人或革职，均随他一时兴会而定。这套独裁作风的根生在家族的摇篮里。

中国不是国，而是家天下。家天下只有家。没有治国的"公仆"，只有齐家的家长。一般官员都出身家长。他们除了齐自己的家，或正为了齐自己的家，才出来做官，甚至所谓"父母官"。但这时依然是一套家长作风。家天下的政治，未尝不可以直叫家长政治。至少从这一角度或更能看见它的实质。当然这情形由于近百年内西洋文化的大量输入，形式上多少有些改变，但它的实质并没动摇。它依然是家天下。

论绅权

胡庆钧

权力分配的不平均，在人类社会中早已存在，有的人获得了控制别人的权力，有的人却得受人家控制。在中国传统的社会结构里，成为领导人物的绅士就获得了一种权力，这便是我们所了解的绅权。近些时日米，对于绅权的讨论已经发生了两派极端的意见：一派认为绅权是代表着地方人民说话的，它便是中国历史上的代议制；一派认为绅权是皇权的延长，绅士与官僚站在同样的地位剥削人民。我们现在不管这两种说法谁是谁非，让我从云南农村的实地调查与观察里，去了解绅权的性质。

地方威权

绅权是一种地方威权，所谓地方威权是对于一个地方社区人民的领导权力，这社区好比一个县或者一个村落，能够领导一个县的我们可以叫作县绅，领导一乡或一个村落的可以叫作乡绅。绅权是有区域性的，区域性的意义是指绅士的领导地位有一定范围的界限，虽然范围是有大有小的。一个绅士离开了他所在的社区，不会对别人的生活发生影响，便无从发生控制别人的权力。

地方威权的另一意义，是绅权就代表地方上的一种长老权力，在一个以地缘为基础的复姓村落，它是村长权力。若是一个血缘结合的同姓社区，它是族长权力。无论是村长或族长，成为长老的意义是他对于地方的风俗习惯负有指导的责任。好比云南呈贡的河村与安村，自从保甲制度推行后，虽然领头绅士已经不再保有村长或乡长的名义，可是他们的地位仍旧继承原来长老的部分。在传统的秩序下，特别是在社会文化还没有发生激烈变迁的时候，老一辈人的经验获得应有的尊重，年轻的人都得接受老辈所遗留下来的规律。规律的遵守就有赖于长老的教化。这教化的工作，每个家庭的家长负着很重要的一部分，好比吃饭穿衣和会客的规矩礼节等。社区里面有一套共同的规律，教化是以共同的规律做指针的。然而各家人所习的容许要发生歧异，如果歧异只是一些无关宏旨的技术事项，大家还不必去管它，若是歧异影响了伦理的生活，长老权力就得出来运用了。好比奸淫是不容许发生的，如果谁违犯了，不必诉诸法律的制裁，长老根据当地的传统可以定出惩罚的规则，河村与安村的领头绅士都曾经处理过这一类的案件。特别是近代西洋文化没有输入以前，这一种传统的规律是非常严格的，据安村的赵老爷告诉我：在前清乾隆年间，绅士郎老爷在世时，村中的妇女是不敢打伞过街的，若是有谁违犯了，给郎老爷发现，他就把这个妇女的家长叫了来，当面指斥，这就是长老权力的具体表现。

赵老爷是卸任的本村领头绅士。他带着感伤的色彩，显然在慨叹近些年来的"世风不古"！由于近代西洋文化的输入，和传统农业社会的伦理标准发生了性质上的冲突，河安二村都有不少的青年子弟，他们离开了本社区去接受了一些新式的教育，带着些新的观点回到本村来。他们反对传统，主张改革，在这种情形下，长老权力显然已经在逐渐发生动摇。长老即使要坚持传统，不愿向青年人学习，可是他已经不能像过去一样仍然板起教诲别人的面孔。对于家庭生活的调协，伦常关系的维持，领头绅士就感到力不从心的痛苦。好比安村的领头绅士陈老爷，虽然是呈贡县一位著名县绅，连他自己的几个儿子都管不住，大儿子好赌，做老子的只好装做不知道。一个媳妇的丈夫去从军，有天得罪了公公，被气狠的公公打了两拳，这位媳妇哭哭啼啼地向陈老爷来投拆，竟使他不知如何处理这件案子！

绅权的产生

长老权力的产生是根据传统的，所谓传统是社会文化的历史发展里面传留下来的东西，它是从社会继替的过程里面发展出来，权力是依靠身份获得的。在不变的秩序下，传统的权力不易遭受别人的反对，人们可以乐于接受它的控制，绅权的大部分是根据于这一来源。

可是为什么绅士能获得这一种权力？什么人可以当绅士？绅士如果是长老，长老的资格是否根据年龄与经验来计算的呢？我们知道：在初民部落里面的长老权力，年龄与经验是一个很重要的因素。可是在中国传统社会里面的绅士，它的意义就显得更为复杂。

在河村与安村，领头绅士并不见得是本村最年长的人，他们都还不过四五十岁左右，两个村落里七八十岁的老头子都还有好几位，很明显的年龄与经验并不是完全决定的因素。两个领头绅士的地位与能力虽不尽相同，他们却具备了相同的条件，这就是曾经受过相当的教育，具备着相同的经济基础——田产和房屋。

绅士的经济基础只有从他与地主的结合才能了解的，大多数绅士便是地主。土地、世袭财产与权力已经长时期地交织在控制严密的结构中间，土地所有权带来了对于生活在土地上的农民的控制，地主是从控制佃农着手的。绅权的一部分显然是建立在这经济的锁钥上。"钱能通神！""有钱可使鬼推磨！"这类的词句都描写经济本身具备有役使人的权力。

可是更重要的还在教育，教育就是知识的传授。在传统社会里，教育的性质和现代社会很不相同。教育或者知识的传授是以文字做工具的。现代社会里面的文字是用来传达意见，或者解释和分析一件科学的事实，教育的普及使文字不再成为一件稀罕的东西，它本身也不再具备有神秘的魔力。可是在传统社会里，只有少数绅士地主稳拿着地租，他们的子弟就获得了充分受教育的机会。大多数农民的子弟没有这种福分，文字知识几乎变成了绅士的独占品。对于一个大字也不识的农民，文字是具有神秘性的。"敬惜字纸，功德无量！"对于文字的敬重就附会在这种神秘性上面。文字是教条，绅士的话成为金科玉律，权力也从这神秘性里面出来。

因此我们看出：独占了文字知识的绅士在任何场面下扮演了一个重要的角色，能力也从这里面训练出来。因为只有绅士才知书识礼，懂得地方上的一切规矩。在河村与安村，我就深切地感觉到绅士的势力。一个农民从生到死，都得与绅士发生关系。这就是在满月酒、结婚酒以及丧事酒中，都得有绅士在场，他们指挥着仪式的进行，要如此才不致发生失礼和错乱，在吃饭的时候他们坐着首席，还得接受主人家的特殊款待。这样的绅士也便是本村具有代表性的人物，代表性就使得他在地方上获得了领导权力，领导权力不仅是传统伦理风俗的指导，而且进入到地方公务的处理上面。一个村落社区生活的意义就表明各家人不可能只关着门管自家的事，修桥补路就得与别家合作，公共事务总得要发生的。公共事务可以包括两部分：一是地方自治的公务，一是上级政府委托的公务。

从这里面我们就可以知道：绅权不是从现代民权的概念所能解释的。它不是基于社区人民的同意信托，经过自由的推选。一个绅士的为好为歹，作正作劣，完全根据个人的修养与训练，而不会受社区人民或者团体的约束。一般关于同意权力的看法，就是基于相互契约，从合作的过程里面产生的权力，在村落社区里面虽可找到踪迹。但是这种同意权力只存在于绅士与绅士，或者农民与农民之间，分化后的社会阶层之间是不可能产生同意权力的，绅权便是指对农民的控制而言。因此我们用不着追寻绅权的基础，而只需要了解绅权的实际运用，也就是分析绅士所做工作的性质。

经济利益

一切权力的运用都有一定的实际目的，这就是经济利益的获得。我们要了解绅士所做的工作，就只需要知道绅权究竟保护了一种什么样的经济利益。面对着政府权力，他是否真的以所在的社区为基础，保障了地方的利益？

现在我们先说地方利益，基于农村社会阶层的分化，地方利益可以分成两部分：一是绅士地主的利益，一是农民的利益，农民的范围又可以包括各级的农工、佃农、自耕农等。在本质上，基于租佃关系，绅士地主利益与佃农利益是冲突的。这冲突至少可以归结到绅士的既得利益不容许别人染指，因此任何有损于既得利益以改善农民生活的措施，必定要遭受绅士地主的反对。相反的，绅士地主只在如何设法稳固自己的既得利益，以免本身及其子孙沦于小农衣食不足的困厄惨境。绅士与农民的基本冲突的存在，也就是"耕者有其田"

迟迟不能实行的根本原因。

农民利益与绅士利益虽是一个冲突的局面，传统社会秩序的安定却只在求得农民与绅士关系的和谐，和谐的获得却不是一件太困难的事。在传统农业社会里面，农民的要求并没有太高的调子，他们并不要求获得绅士地主的既得利益。一个绅士，他领导推行地方的自治公务，只要他不利用特权，侵夺公产，而真能用之于公，做些有益地方的工作，他就可以获得公正绅士的美名，得到农民的赞仰与拥护。

在兵荒马乱的时候，一个绅士所领导的地方武力，也可以尽保土卫乡的功用。太平天国战争的时候，曾国藩所领导的湘军还是从这里面出来的，只要他真能够顾到本社区的利益，他就可以获得农民的拥护，这种例子在中国的传统社会里还不占少数。少数特殊的例子，为了宗教的虔诚，或者爱人的狂热，一个绅士地主毁家纾难，或者捐资兴学，修桥补路，大做功德，他的言行就成为地方社区各级人民的共同楷模。

然而，无论是平时或者战时的工作，一个绅士地主若只注意稳固自己的既得利益，他就与全社区的农民站在冲突的地位。这样的绅士攫握了地方的威权，他可以不必考虑农民的利益，而只顾及个人或者绅士阶层的利益，这种事例在过去曾数见不鲜，也就是今天充斥在农村里面的劣绅。

政府权力的加入

若使绅士只考虑到个人或者绅士阶层的利益，绅权的剥削性质是很明显的，劣绅的腕下所表现的是孤行权力，很显然的他会遭到全社区农民的唾骂与反对。于是绅士为了稳固自己的地位，就必须与政府官吏勾结，得到政府权力的支持。

在另一方面，当政府官吏要控制一个地区时，他第一得拉拢的便是绅士，因为绅士是地方上的代表人物。

政府权力的控制也有它的实际利益，与地方利益相对，这便是政府的利益。政府利益的获得向来是建立在对地方人民的压榨上，好比夫役的征派与租税的征收，它是跟着武力而来的，这是一种强暴权力。

如果政府权力的兵威不及，它不能达到县级以下的村落，也就是不能实际控制基层社区。为了地方的利益，绅士还可以发挥反对的力量，对于政府委托的某种公务可以不加理睬，或者对于政府的差人施以苛暴。在今天的云南许多边地社区，强大的汉族绅士地主还有一部分保持着政令自行的方式。即使云南的中心地区玉溪，民国初年，一个县府差人还不敢单独下乡承办公事，至少得结合三人以上，携带武器，否则随时有丧失性命的危险。充其所极，这种地方威权或者土霸权力可以发展到政令自行的方式，他们就是政府或统治者，可以私征厘卡，购置军械，私订刑律，反抗政府的干涉，不受官家法律的制裁，在中国历史上还有不少的这种例子。

然而，即使在政府功令所及的范围之内，政府权力还没有透到基层，在上级政府委托的公务中，或者是地方社区人民向政府有所吁请时，绅士还可以表示他的倔强力量，保护地方利益。清乾隆年间安村就有这么样一件故事：当时安村的领头绅士姓郎，是一个秀才，也是本村最大的地主，有一年村中发生水灾，房屋被淹倒塌的很多，郎向县官报灾，县官亲自坐着八人大轿下乡来勘查。勘查的结果认为灾情不严重，这就触怒了郎绅士。他说县官如此糊涂，着人把县官的坐轿打坏。县官在这阵难堪之下，只好溜出安村。后来呈报上去，省城派大员下乡来调查，郎率领全村人在离村三里处迎接，执礼非常恭谨，大员也就不再追究这件打轿子的事。

可是，当政府权力的压力加重，这种打轿子的事是不敢轻于尝试的，谁冒犯了也许还有砍头的危险。在这种情势下，绅权就得逐渐萎缩，公开反抗是不敢了，要保护地方利益，也只有用口头的请求或者书信往来的方式，以求得政府官吏的谅解，减轻对地方的压榨。在这里，绅士已经与政府官吏结合，他所具备的写信或者口头恳求的资格，与其说是根据他在本社区的领导地位，不如说是根据他与其他政府官吏的关系。一个县官并不怕得罪绅士，怕得罪的是在绅士后面支持的强有力的政府官吏。

官绅的结合表现在最有权力的绅士往往是退休的政府官吏一点上，因为只有他才可以结交许多在任的政府官吏。安村的马军门退隐归来，就曾经有过一件非常人所能的回护地方利益的故事。光绪十二年（1886），云南的督抚衙门为了重办土地陈报，以作田赋征收的张本，派了清丈员分赴各乡去做实地测量。这批清丈员到了安村，工作做得非常仔细，一寸一土都得计较。当时马军门退休归来，村人把这件事告诉了他，他很不高兴起来，把清丈员唤了来，粗着嗓子说："你们要好好丈量，要不然的话，我要扎了你们的猪脚！"

几位清丈员都惧怕马军门的威势，也明白他说这几句话的用意，于是丈量工作就马虎了事。因为这几句话，安村的粮谷并没有征到实额，每年只有八十多石谷子，到民国二十一年（1932）云南省财政厅再度举办清丈，征谷增加到一倍以上。

谁也明白，这个场面里所表演的绅权，是依附了政府权力的。马军门虽然退休，可是他仍有政治上的潜势力，这样他才敢于以上级官吏的口吻来对付这几个清丈员，清丈员也得服从他的指示。

在这里，也就到了政府利益与地方利益的交点，马军门虽然保障了地方利益，可是官绅的结合，地方利益就逐渐要被政府利益所压倒。当政府权力继续往下面伸张，也就是保甲制度推行的今日，这种情形就更见明显，绅权只有逐渐减弱，甚至于整个投附于政府权力之下，绅士与官吏勾结。

在这种勾结的局面之下，统治者只有一个，绅士成为统治者的帮凶，尽管他现在还可以讨价还价，可是躺在统治者的怀里，也只有撒娇作态的份儿。政府权力的向下伸张是有某种目的的，这便是榨取地方利益，可是它得通过绅士，于是在政府官吏与绅士的私下往来间，绅士利益与农民利益分开了，绅士利益得到尊重，政府的征派他可以不付，抽丁也抽不到绅士的子弟，从而转嫁在农民身上。

说绅权是政府权力或者皇权的延长，我想应当从这里面去了解，这是指属于政府权力的一部分。

不仅是政府权力的往下伸张，近些年来，由于时势的推移，传统伦理风俗的不易维持，长老权力的逐渐丧失也加强了绅权的依附性。在这社会改组的过程里，绅权只有依附着政府权力才能存在。

于是，一个传统的比较正直的绅士，他明白自己已成为这个时代的落伍分子，在政治上又遭受了前所未闻的压迫，若是他真能以社区人民的利益为重，为了不愿意得罪农民，或者基于慈善的心肠，他就宁愿洁身引退，不再过问地方的公务。即使有一天他被派着了差事，在贪官污吏横行的今日，得到了农民的拥护，就得不到政府官吏的支持。他不会有实际的权力，也就不能忠实地执行自己的职务，结果也只有洁身引退的一途，继之而起的是与政府官吏勾结的劣绅。

一个劣绅，毫无疑问，他是地方人民攻击和怨恨的对象，他的权力不是建筑在人民自动的拥护上，而是依附在统治者的指挥刀底下的，也就是强暴权力的具体表现。这种人主持了地方的公务，他就只知顾及绅士或者个人的利益，好比对于上级政府的征派，他们不但不能代表地方，吁请减轻人民的负担，反而巧立名目，滥收征粮，以求中饱，或者拒缴自己所应付的部分，转嫁在别人的身上。对于地方自治的公务，他们也可以想尽方法，侵吞公款，为所欲为！今天河村与安村的领头绅士，都是这一流人物！

劣绅继承了历史传统里最污秽的一面，官绅的勾结虽则使政府权力严密控制着基层社区的农民，阻碍着民权的发展，可是另外一方面，它也逼上梁山，造成集体农民的武装叛变。从农村到市镇，从市镇到都会，今日何处不演着这种官绅勾结压榨小民的例子！劣绅变成了腐化政治机构身上的一个毒瘤，如何能够割治这个瘤，这是今天中国政治中面临的一个亟待解决的问题。

两种权力夹缝中的保长

胡庆钧

在《论绅权》一文里我曾经指出：绅权是一种地方威权，它的性质主要就代表着地方上的长老权力。在皇权无为的局面下，绅权和皇权有不同的来源，划分了鲜明的界限。可是，当皇权有为时，统治者的兵威所及，总是要设法控制绅权，充其所极，这控制的结果便是皇权往下伸张，绅士与官僚结合，至少在政府委托的公务上，绅权变成了皇权的延长。

控制的过程表现在权力的运用上，权力的运用须得通过一套机构，在县衙门以下，村落社区的基层地方机构是皇权与绅权接触的交点。基层地方机构在性质上可以分成两种形式，一是传统的历史产物，一是政府法定的设施，保甲制度便是法定设施的一类，我们可以把它叫作法定的基层行政机构。

在皇权与绅权交接的夹缝中，保长在这套法定的机构里面扮演了一个丑角。现行保甲制度产生在中国的历史传统里。保长的存在并没有表示中国民主政治的新生，而是一个自上而下的权力系统，在地方政治的美名下，通过官绅的勾结，用它作为压榨与剥削人民的工具。本文预备从现行保甲制度的源流与保长实际的扮演里，去了解它的特性。

苦难的产儿

保长这一个名目本孕育在苦难中国的历史因缘里，它的最初出现是见之于众所习知的宋熙宁年间王安石"变法"，安石变法的动机是由于当时国势的羸弱，强邻压境，内政不修，他认为主要是因为募兵制的窳败，既不足以御外侮，又不能保卫闾阎；这样，安石就适应了当时环境的需要，制定了"保甲新法"。新法的要点一是编人民户籍，以防容隐奸徒；二是籍编义勇民兵，改革原有兵制。保长就是在这种保甲制里适逢其选的人物。

我们追述保长的这段根源就指明它背负着中国的历史传统，现代保甲制的复活，更证明它是一个苦难的产儿。继随在外患、朝代更迭和军阀混战的长期内乱之后，民国十六年（1927）的国共分裂又使南中国重新陷入战争的灾难里面。为了应付当时"剿匪"区域的实际需要，保甲制便产生在二十一年（1932）豫鄂皖三省"剿匪"总司令部的一纸公文里。这一次的出现显然不是历史的巧合，而是因为当时的局势，正有类乎八百多年以前的熙宁时代，保甲制度的功能就可以从保甲新法里面得到应有的解释。

通过"剿匪"总司令部对各省政府的训令，在兵荒马乱之际，保甲制度得到很迅速的推广，这个由上级政府向下推行的政制，以编户籍与练民兵为主要工作的基层行政机构，它就把先前呼喊了多年而略具幼苗的地方自治一笔勾销，代替了它的地位。后来，这种主张似乎不足以成为民主国家的政治设备，于是，这个一手由军事机构呵护的宠儿，又披上了民主的外衣，进入地方自治的范围之内。民国二十三年（1934）二月，经过中央政治会议通过，由行政院公布的"改进地方自治原则"，规定了"将保甲容纳于自治组织之中，乡镇内之编制为保甲"一条根本原则。立法院根据这个原则也将县自治法予以修正。经过这次的确定之后，保甲便成了县地方自治组织的基层单位，代替了旧制的闾邻。这个原则在二十八年（1939）九月公布的《县各级组织纲要》中还沿用着，成为今天的新县制。

从二十一年到现在，保甲制从豫鄂皖赣四省开始，逐渐向各省推广。虽然各省推行保甲制的时期不一，好比云南直到二十六年才改用保甲的编制。可是现在除了边疆的盟旗、政教、部落、土司制度之外，保甲制已经风行在内地中国的每一个角落。不用说：这个孩子已经由襁褓孩提而进入少年时代；可是在这前后十五年当中，经历了剿共、抗战和正在进行中的内战三个阶段，保长还是一个在苦难中成长的儿子。

没有民主的传统

保甲制没有民主的传统，保长也不是民主的儿女，我这样说并不是存心跟保甲制度或者保长开玩笑，我知道保长是当前地方自治行政机构里面的基层人物。但是我们要了解保长的特性和他在政治上的地位，以及当前的尴尬局面，必须了解他所依附的制度所具的特质，而这种特质不是从当前保甲制的民主形式所能了解的。

要了解保甲制的特质还可以从历史的传统里去追寻，可以称为类似保甲的制度在周朝便已开始，这就是当时的乡遂制和稍后管仲的轨伍制，商鞅的什伍制等。自周秦以至现在，这一连串的政治制度进入了皇权的系统里面，便被作为统治的工具。闻钧天先生说：

> 此法制之精旨：在周之政主于教；齐之政主于兵；秦之政主于刑；汉之政主于捕盗；魏晋主于户籍；隋主于检查；唐主于组织；宋始正其名，初主以卫，终乃并以杂役；元则主于乡政；明则主于役民；清则主于制民，且于历朝所用之术，莫不备使。[①]

这一段分析也证明历朝的类似保甲制，制法者的本意原在把它作为行使政权的一个手段，用以达到管教人民的政治目的。自然，在当时的农业社会里面，特别是逢到承平的时代，统治者既不容易也不太需要对农民做如何严密的控制；也由于时代的着重点不同，此起彼落，在不同的地区也难普遍设立县级以下的基层施政机构，地方自治的权力机构就在这种条件下得到伸张。好比清代因袭宋明旧制，在县级下原有保正乡约的设置，可是实际上并没有普遍认真地推行。有些省份就由氏族组织代行其事。有些省份好比云南，乡约变成传统地方权力结构里面的人物，由人民自己选举，政府非但不加以干涉，反而利用这套机构作为推行政令的工具。

民国二十一年公布的保甲制却显然不重视清末以来注重自治的情势，而在继承以此为控制人民工具的传统。由"剿匪"总司令部为编查保甲户口条例颁发到各省政府的文告里面，一再强调保甲制的设立在自卫而不在自治，并且认为全民政治"非目前漠视政治未经训练之人民所能行使，尤非各匪区荡析流离之农村民众所乐与闻"。这种自卫组织应"多由委任，因有命令服从与统驭便利之关系"。

现代的保甲制依照政府的规定，以户数为单位，在一个地理区域或者社区上加一层法定的规划，"十户为甲、十甲为保"是一个共同的原则。户数和地域两个因素描写了保甲组织的性质，保甲组织是在同一地区内有一定户数的公共团体。

根据二十三年行政院公布的改进地方自治原则，保甲制虽然进入地方自治的范围里面，可是保甲如何组织？组织的动力如何？政府的规定与编制都指明它不是一个人民自动组成的团体。在实际的行政里，一个保长究竟具备了多少民主的素养？他是一个怎么样的出身，他做了多少可以符合地方自治的事业？我想在这里用不着解释，有机会和这制度接触的读者一定可以为我找到解答。我在这里只要指出：从抗战开始一直到今天，在"军事第一"的口号下，当前的情势和需要与民国二十一年相较，实在有过之而无不及！在客观的情势下保甲制决不会中途变质，十五岁的保长是从呱呱坠地时长大的。

平庸的出身

我们从历史传统和现实情况里分析了保长所依附的制度，现在要进而描绘所谓保长的这一流人物，这里首先要提到保长的出身，看这一个中国政治的基层人物，究竟有多少政治资本。

中国传统社会里很早就分化出两种人，这就是现在所习知的绅士与农民。组成农业社区的分子大多数是在田地里直接生产的农民，而绅士却是主要依赖地租为生的少数知识地主或退隐官吏。绅士与农民代表两种不同的经济基础，生活程度与知识水准，他们是上与下，富与贫，高贵与卑微的分野，在传统的社会结构里，具有声望的人物不是农民而是少数的绅士。

如果具有声望的绅士对于保长这份差事还感兴趣，很自然的上级政府会把这份头衔加在他们的身上，可是，在我所观察到的事实里，只知道前几年为了示范的作用，成都市曾经选举过大学教授和政府官吏担任过保长外，在辽阔而广大的农村里面，担任保长的并不是属于绅士这一流人物。

绅士不愿意当保长，这份头衔便推到农民以及绅士和农民之间的人物身上，这些介乎农民和绅士之间的人物：可以是比较清正的小学教师，也可以是专爱打听是非脱离农作的闲人，也可以是做小本买卖的行脚商人，这些形形色色的人物，都不过是"平庸的出身"。

绅士为什么不愿意当保长？我在云南农村调查时曾经问过许多人，一个普遍的回答是："这职务与绅士的身份不合！"这句话是对的，可是要了解这句话，却须知道保长的地位与他所担任的工作。

一个保长摆在政府的行政系统里面，他是一个最起码的芝麻小官，从中央而省、县、乡、保，一字排下来这么许多的顶头上司，"等因奉此"与"仰即知照"，保办公所变成了"仰止堂"。绅士大体上是一个有钱有势的人，他这份钱势就靠自己传统社会结构里面的权力维持。而这种权力在上级政府的统治之下，只希望得到政府官吏的支持，却不愿意受政府权力的干涉。这一个芝麻小官的地位，既不能够装璜自己，却徒然把自己推到政府权力的直接压迫下面，这是绅士所不愿的。绅士在这里表现了他的巧妙才智，把农民一类的人物推了出来，让他出面，自己在幕后做一个牵线人，握住了行使公务的权力。于是，保长的地位就在这里面更贬了质，一个保长不是真正的一保之长，他所做的工作尽是些琐碎的技术事项。好比征粮、派款、捉兵拉伕等，事情烦琐得可怕，他没有权力，除了奉行政府的命令外，还得受绅士之命而工作。

虽然，现在有些地区保长的产生已经具有民主政治的形式，这就是经由保国民大会选举，可是这种"选举"的保长也决不会挨到绅士的头上。据我个人在云南农村里的观察，选举保长不过是个虚名，在寥寥数人的所谓"保民大会"里，绅士就可以当场指定谁出来当保长。

平庸出身的保长没有雄厚的政治资本，在县长甚至乡长的眼睛里，保长是一些卑微不足道的人物。以这种不受尊重的人来担任推动地方自治的基层行政重任，我怎能不为中国的民主政治叫屈！

政治地位

不雄厚的政治资本也无法提高保长的政治地位，他得同时侍奉两个上司：

一是上级政府，一是地方绅士。面对着政府权力所代表的统治者的利益，绅权是代表地方利益的，两者常易形成对立的局面，保长就得在这两种权力的夹缝里面工作。一个成功的保长是如何在政府权力与绅权之间求取平衡，这就是一方面推行政府的功令，一方面顾及地方的利益。可是，保长又如何能够在两者之间讨好？

我们在前面说过：保长是个苦难的儿子，保甲制成长在干戈纷扰的局面之内。上级政府为了加强动员和管制一切的人力物力，以达到某种的目的，政府权力就一天一天地往下面伸张，这种伸张的结果使保长慌忙的几乎尽是上级政府委托的公事。在许多场合下，绅权便在一天一天地萎缩。若使政府公事太侵犯绅士所代表的地方利益，绅士要提出反对，也决不敢公开指摘，只能用拖延的方式或暗中向政府官吏疏通说情。

不管是"民选"或者经过绅士指定的保长，他都得经过上级政府的委任，进入政府行政机构的系统里面，在政府权力伸张绅权萎缩的情形下，他尽可以倒在政府的怀抱里，或者站在行政人员的立场上，来地方办"公事"。保长可以不顾地方利益，或者借着奉令征兵派款的名义，滥收征粮，以求中饱，现实政治里正不乏这种例子。一个想从这里面获取利益的人，他就可以活动当保长，活动的方法甚至不惜出钱向官绅贿赂，这样的保长也就成为众人诅咒的对象。

若使保长是一个外乡人，我想这种狐假虎威营私舞弊的现象也许要变本加厉，可是保甲制却规定保长要由本地人担任。保长既是本乡人，有着一份乡梓情谊，同时也得顾及地方团体的社会约束力量，使他们行事都不能不考虑几分，这就加深了保长的矛盾与痛苦。以一个忠实于地方的农民出任保长，他若是对上级政府的公事推行不力，或者无能为力时，他就得随时请进县府的班房，甚至丢掉了自己的性命。一个县长不敢随便得罪有力的绅士，他却可以捕杀违命的保长，因征兵派款不力被押致死或者逼死的保长何止多少，保长真是一个苦差。

保长所担任的工作和他今日的政治地位，已经是一个正流之士望而却步的陷阱，这就解释为什么人们一提起保长，除了漠不关心之外，往往还夹杂着可恨和可怜。出任保长的人物，不是想从中捞一笔油水的巧诮，就是些目不识丁的忠厚农民，这种局势如果继续下去，保长的品质还在一天比一天地低下，他们的出身平庸且更平庸。

夹缝下面的牺牲者

保长品质的低下与出身的平庸，就描写出他在两种权力夹缝下的地位，民权与地方自治在这里受到牺牲或者出卖，除了依附政府权力或者绅权，保长在执行公务时并没有自治的权力。一切保甲法规都不过是给保长招来了现实的讽刺，民主的腰斩是政府权力与绅权合作的结果。

政府权力与绅权的合作并不能够维持两者间的平衡，政府权力的伸张已经造成了绅权的萎缩。现实基层行政机构里的保长就更有它的特色，它成为政府权力在基层社区里所抓到的一个工具。这一个工具虽则还得受绅权的节制，可是它却具备了主要依附着政府权力的气焰。上级政府委托公务的频繁虽然使保长感到痛苦，可是其中还夹杂了狐假虎威的乐趣。这乐趣便是他可以"公事公办"，除了主要绅士之外，谁不完粮纳税，或者是规避兵役，他可以据实呈报，县府派来的委员与枪兵就可进到违抗兵粮者的家里。政府有什么临时的需索，他可随时向人民派款。一个保长每月的办公费并无具体的规定，也没有薪饷，可是他不愁自己会要贴钱。我们可以看到多少因任保长而致富的例子，致富的原因与其说是绅权的卵翼，还不如说是政府权力严密控制的结果。

从历史上的保长到现在的保长，从"编户籍，练民兵"到苛捐杂税，征兵派款，客观的情势与保长的工作注定了他不是一件民主的差事。保长如何能民主？保长如何能是民主的儿女？保长的存在如何能象征中国民主政治的新生？

注释

①见闻钧天著《中国保甲制度》

从保长到乡约

胡庆钧

在前面《两种权力夹缝中的保长》一文里，我曾经指出保甲制是上级政府法定的设施，可是基层地方机构还有一种传统的形式，这一种形式的重心是在乡约的身上。

乡约制度也产生在中国历史的传统里，它的最初出现充分表现了绅权的强大。这一种制度的名目在今天的传统地方权力结构里还可以找到它的地位，可是它却已经失去了历史上的地位。我们要了解今天乡约的特质，要了解传统中国社会结构里绅权与皇权的关系，却还得从它的流变与社会历史的背景里去追寻，方足以解释目前乡约的处境。

难于生根的自治机构

乡约这一个名目的出现最初也见之于多事之秋的宋熙宁时代；熙宁三年，王安石用政府的力量推行了保甲新法；熙宁九年，陕西汲郡的儒士吕和叔（吕大钧）在他的本乡蓝田推行了一种新型的地方政治制度，这便是《吕氏乡约》，也叫作《蓝田乡约》。

乡约制度是县级以下在村落推行的一套地方自治机构，它的地位正可与王安石的保甲制相当。可是，乡约制度的产生却是保甲制的一个反动，我在前面《两种权力夹缝中的保长》一文里曾经指出：保甲制是上级政府为了适应当时苦难的局面向下推行的一套施政机构，"编户口、练民兵"是它的主要功能。可是乡约制度的作用并不在此，它是人民自动结合的机构，这就是吕和叔先生所说的："乡人相约，勉为小善。"他给乡约厘定的四大条款是：

> 德业相劝　过失相规　礼俗相交　患难相恤。

这四大条款就描写了乡约制度的主要功能，它是绅士以领导者的身份，作为教育与组织人民的工具，冀以形成为人民自动结合的机构。在这个目标下面，它有一套简单的组织，这就是设约正一人至二人，由公正贤明的绅士担任，任期不定。约正的下面有一个直月，所谓直月便是按月轮选一次，这就是按年龄大小，大部分由农民出身的人物来承当。

作为约正的绅士，他的责任就在每月定期的集会里面，讲解约文，感化约众，主持礼仪赏罚，乡约的倡导显然是具有教育意义的；可是它的目标并不止于教育，这就是要从教育里面去组织或者结合人民，成为一个自动奉公守法知礼习义的单位，也就是一个具有政治意义的团体。

可是《吕氏乡约》的推行在当时的社会里就碰到了一个基本的困难，这便是一批绅士以自己的行为标准作依据，要在农民的身上冠以绅士的教育，然后以儒家的共同伦理标准来约束众人，好比"德业相劝、礼俗相交"等。这制度，由缙绅世家博学鸿儒的吕氏兄弟来领导，个人的声望还能感召一部分人，然而这"感召"的作用是有它的危险的。这一套儒家的做人标准，一套繁文缛节，只是能有知书识礼的闲暇的绅士所能讲究的规矩，并不足成为大多数农民的生活准则。一个胼手胝足的农民，成年工作在田地里，他所对付的主要是自然物和土地。他虽然不太懂这一套"做人"的标准，可是"礼不下庶人"，正描写了他们并不太需要这一套讲究。从熙宁九年到元丰五年和叔的逝世，《吕氏乡约》只在本乡推行了五年半。这短短的五年半当中，《吕氏乡约》也并没有充分地发展，从和叔致其长兄的函件中，就指明入约的固多，出约的也不少，乡约的参加采用了自由而非强迫的办法。这种自由参加与入约后出约的情形，就正描写了它不为农民所太需要的事实。

在另一方面，政府当局的怀疑态度也是乡约制度推行的第二个困难。当时在皇朝荣任宰相之尊的便是吕和叔的二哥微仲（吕大防），若使这位二哥真正很赞成和欣赏这一套制度，或者说是能够讨取皇帝的欢心，他尽可以通过皇帝的谕旨，把它推行到全国。相反的，微仲却函劝乃弟，放弃乡约，出来游宦，或者改为家仪学规，以合时俗，这些话都表示绝对的皇权下并不欢迎这一套人民自动结合的公开出现。和叔就靠了这点兄弟的情分和乃兄的面子，才把这一种制度在本乡的推行维持到及身而止。到南宋，《吕氏乡约》虽然得到理学大师朱熹的提倡，可是朱子所做的工作只限于乡约的考据增损，朱子虽然仕宦多年，并没有把乡约实地推行，这就因为他自己明白推行的困难，乡约制度变成了一个理论的架子。

钦定的基层地方组织

从南宋经金元以至明朝，由于朱子提倡的光辉，乡约活在士大夫的心里。可是乡约制度在明朝的重新被提出已非复先前的本来面目，在精神上已经有一个很大的转变，这就是由人民自动结合的机构，变成了皇权钦定的基层地方组织。王阳明的《南赣乡约》一开头就用了这样的口气："故今特为乡约，以协和尔民！"阳明先生当时正任着庐陵使，是治下人民的顶头上司，他把这套制度用政府的力量推行下来，这样的乡约也由自由参加的传统，变成了强迫参加的组织。

吕新吾（吕坤）的《乡甲约》也承继了《南赣乡约》由上而下推行的形式，从这里可以看到乡约与保甲的合一。不同的是推行的范围：《南赣乡约》只得到局部的推行，《乡甲约》便开始了全国普遍的开展。另一方面，《乡甲约》与《南赣乡约》对于乡约与保甲的联系有不同的配搭：《南赣乡约》是以保甲为主乡约为辅的，《乡甲约》却把乡约真正吸收为上级政府向下推行的基层行政机构，以乡约为主，保甲为辅。从这次以后乡约与保甲就似乎结了不解缘，一直到今天的农村，传统地方权力结构里面还保留着他们互相辅助的地位。

然而不管是《南赣乡约》或者《乡甲约》，推行的方式和组织的规模虽与吕氏原约有些不同，可是乡约里面的负责人选仍得由绅士出来担任。嘉靖末年《图书编》的乡约规条说："该州县即移文该学，共推请乡士大夫数位为约正，以倡率士民。"可怜的是这种"倡率士民"的约正，被高高的皇权抓到了手，便课定了他一件特殊的任务——讲圣谕，约正成了帝王的使徒。

作为帝王使徒的约正，讲圣谕成为一件很重要的工作，这一件特殊的使命原来起自明代嘉靖万历年间，《图书编》的乡约规条便说明了"保甲既定，即此举行乡约，诵读圣谕六言"。明末吕新吾的《乡甲约》制度也规定得相当详细，在他的《实政录》里还有一张图，圣谕的前面得摆着香案，约正就位讲谕，约众得跪下听讲，所讲的要旨就是明太祖的圣谕六言：孝顺父母、尊敬长上、和睦乡里、教训子孙、各安生理、毋作非为。

满清统治下的乡约制度特别加强了圣谕的宣讲，主持讲约的约正还是"素行醇谨，通晓文义"的人，顺治九年的钦颁六谕完全抄袭了洪武六谕的底子，康熙九年六谕增为十六款，十六款的主旨无非是教人民重人伦、息争讼、惜财用、端士气等。这种讲圣谕的方式，从清初直到清末，通过官府的命令与绅士的提倡，可以说是风行全国，有些地方志里还有关于讲谕的记载，有些边僻的省份好比云南的农村，甚至到今天还保留着这种讲圣谕的方式。

讲圣谕，这就是皇权下达的一个具体表现，在传统农业社会结构的体系之下，皇权虽然不能直接控制每一个小民，可是却能从约正的讲谕中，给他和人民之间建立起经常的联系。

地方权力结构里面的执役

在中国传统的地方权力结构里面，好比今天的云南农村，我们依旧可以看到乡约的存在。可是传统地方权力结构里面的乡约已经不是上述历史上的乡约，历史上的乡约是指整个地方社区的组织，现在所谓乡约是指行使公务的个人身份。不过这里所谓"传统"的意义，大体是指清中叶以后，一直到二十六年（1937）实行保甲制之前的阶段。

今天云南农村的地方传统权力结构，好比我在呈贡所观察到的，是每一个村落有个"大公家"的组织。在大公家里面，绅士握有管理地方公务的权力，乡约是在绅士的领导下，负着执行公务的责任，他是由农民中按着一定的规则轮选的，这里的乡约已经没有在历史上的尊荣地位，他没有权力，在许多处理日常公事的场合，他得随时侍奉在管事绅士的左右，变成了地方权力结构里面的执役。

乡约地位的改变是因为在皇权的压力下，原有制度的组织与精神已经逐渐丧失，已不复为地方绅士领导人民自动组合的单位。它就依据各地方的不同情境，逐渐被吸收到当地原有的地方权力结构里面，虽则都用"乡约"之名，但内容上却有很大的分化，云南农村的乡约可能是分化后的一种形式。

正如保长一样，云南农村的乡约所以由农民担任是绅士巧妙运用权力的结果，自从乡约与保甲合一之后，乡约在讲圣谕之外还得管理地方的公务。在"普天之下，莫非王土"的情形下，地方公务除了一部分地方自治事项外，还有一部分是上级政府委托的公事，这都是些琐屑的行政技术事项。如果这个乡约由绅士来承当，他自己就会直接受制于皇权，假如他受制于皇权，他所支配的地方自治机构就难发生效力。为了维持地方自治机构的实际存在，而且保持自治机构和统治的皇权机构的调适，绅士就得退隐在已为统治机构所控制着的乡约的幕后，把乡约的位置让给农民一类的人物去担任，自己做个牵线人；就靠这一点后台的工作，也因为传统农业社会交通的不便，才能使县级以下的村乡自治力量得到适当的发挥，一直到今天，中国民主的幼苗还得从这里面去追寻。

因此，在制度上，虽然乡约已经被皇权钦定为县级以下的基层行政机构，可是实际上，这机构就好比个脱缰的野马，跑得快，乡约制度就变了质，融入传统地方权力结构里面，皇权就只到县衙门为止。

可是县长虽然是亲民之官，他并不能够到处乱跑，他只得委托一批皂隶差人做代理人，不给他们太高的地位，也不给他们以实权，让他直接与乡约接洽公事。一个农民出身的乡约，他就是在绅士的指导之下，地方自治机构里面出来的代表，他成为绅权与皇权的交点。

这样，一个乡约的职务虽是由地方自治机构所赋予，没有经过政府的委任，可是他得同时侍奉两个上司：一是上级政府，一是地方绅士，这种情形有点像今天的保长，不过地位并不完全相同。保长是经过政府委任的人物，他成为政府编制的基层行政机构里面的公职人，他比较偏重于政府一方面。可是乡约不是这样，他是由地方绅权产生的，他的立场就应当站在地方这一方面。同时，传统的上级政府讲究无为而治，对于县级以下的地方公务并不太注意。乡约的主要工作就重在好好侍奉绅士，他成为绅士的随从。

公务活动

明白了传统地方权力结构里面乡约的地位，现在就得进一步分析他所担任的工作，这个须得从公务活动里去了解。

我在前面曾经指出：地方权力握在绅士而不在乡约的手里，乡约侍奉在管事绅士的左右。他所做的就只有琐屑的公务技术事项。

技术事项可以分成两方面：一是地方自治的公务，好比修沟、筑路、调解是非等，乡约在这些公务的处理上都得请绅士决定，在绅士的上面没有更高的权力，推行起来自不必要经过政府的决定。可是另一方面，遇到上级政府委办的公事，性质就两样了。在这里，绅士之上还有一个更高的权力——统治者，绅士对于这些事情并没有决定的力量，如果这件公事太违反地方的利益，绅士固然可以在幕后拉拢政府官吏，请求收回，或者联合各村的绅士出来反对，也往往不得不使政府官吏修改他的命令。可是，政府公事中有多少是带着强制性的，好比差徭租粮，除非遇着灾难的年岁，绅士便没有说话的余地。一个公正守法的绅士固然要以身作则，按规定缴纳钱粮。然而要是他表现了最坏的一面，就是利用自己传统的地位或现在的权势，拒缴或漏缴一部分粮款，这份欠交不足的数目自然没别人承担，承担下来的是蚩蚩小民的乡约。

我在安村时，许多清末民初担任过乡约的老者都向我面诉当年的辛酸，至今犹有余痛。从前征粮的办法，每年开征时要请各会绅老从场，酒肉款待，叫作"作卯"。到归粮时欠交的数目总有一份，这份数字有时候要多到全数的五分之一。明知是某些人隐瞒了，可是自己没有正确的粮簿，所用的粮簿是经过绅士窜改的，这一份差数便只有自动贴出。

另一项痛苦的公事是从前的差徭，传统官僚政治的作风规定县官出来也得坐八人大轿，过境的官吏随时有，还需要更多的差徭。当时安村一共有两个乡约，为了应付可能随时派来的差徭，一个乡约就索性住在离村四十华里的县城里，只要听到了大官过境需得派伕的消息，便打马奔回本村，连夜派好伕去复命。乡约的办事稍有失误，便得受县府差人的逮捕与吊打！另一方面，地方绅权多少还带着封建的色彩，对于政治规定的钱粮向不缴纳，这份钱粮也得由乡约从中贴补。乡约也得随时侍奉在管事绅士的左右，绅士进茶馆喝茶，或者上馆，都得接受乡约的招待。因此只要轮着当乡约，便注定是一个贴钱挨打的苦差！到后来街邻都感觉乡约太苦，而且迟早会要轮到自己的头上，才想出贴补乡约的办法，从大公家与各会的公产中提出一笔相当的数字，以作乡约的开销。云南呈贡安村观音寺嘉庆七年的石刻碑记上，有下面的几句话：

> 古者保长之设，所以卫民而非以病民，后世公务日繁，差徭渐冗，躬肩厥任者，每有遗大投艰之患……每遇替任之年，或防患而贿赂求免，或畏难而逃避他乡。愁苦之状，莫可胜言！因而互相酌议，约为善处，本寺中无论士庶，每月公捐钱文，送宾二根，将所获钱银，制买田亩，收积租息，帮贴保正，以供差徭之需。

这一段碑文就描写了乡约的苦恼，他得随时与政府派来的差人接头，差人到了乡约的家里，乡约得好好地加以款待，然后将政府的公事持去向管事绅士请示。如果绅士赞成，这件事情可由差人与乡约共同了结，或者留交乡约代办。如果这件事情太损害地方的利益，不为绅士所赞成，他却无须见差人一面，然后设法约集本村各绅士共同讨论，分头向上级政府官吏说情。

差人下乡普通办理的公事有三项：一是刑事，二是田产纠纷，三是租粮。这些事情随时可能发生，一年下乡的时候就得有七八十次。差人中的领头叫作大老总，没有重要的公事，好比人命案子，大老总不会下乡。大老总来时总带着两个差人，他自己手里拿着大烟筒，没有枪。大烟筒，这一个握有权力的象征，也是一个和平时代的象征！

乡约与保长

从人民自动结合的机构到钦定的基层地方组织，再从地方组织到传统地方权力结构里面的执役，乡约性质改变就带来了地位的贬质，可是今天的乡约却已经再度贬质，这就是二十六年保甲制度推行之后。

保甲制是政府推行的县级之下一套基层政治制度，尽管这一套制度现在已在地方自治的美名下进行，可是在权力随枪杆俱来的情形下，保甲的编制成为合法的行政单位，它的地位就浸浸乎要代替旧制的"大公家"，在整齐划一的编制下，不啻宣布旧制的死亡。

传统的"大公家"在今天虽然还没有死，可是在这种情形下，乡约的地位却不能不再度贬质，乡约的名义虽然存在，他的地位已经被摆在保长之下，变成了一个"保丁"！

作为一个现制的乡约，他只须回忆七八年前的往事，就有远较今日尊荣的地位：那个时候还有人叫他做乡约老爷，他的地位也相当于现在的保长，至少可以使一般农民不敢随便惹他。可是今天的乡约却如是其微，怎能不使一个位居保长之下的乡约感到难言的委屈！

我在呈贡河村时见到现任姓土的乡约，一个生长在小村兼营捕鱼的农民，五十多岁，忠厚的面孔，一个大字也不识。他的两个儿子都已成年，现在继理着父亲的旧业，这就给老子从劳作里面抽身出来，不时上大村进茶馆或者喝酒。这年被轮上了乡约，我很想知道他所要做的工作。可是他一见着我便摇摇头，总是说："我们这个一点事情也管不着啦，谁有保长那么势派！"他的那双不大张得开的眼睛显然瞅着保长："受人支派，什么也说不上！"可是在同样农民出身的保长面前，他却也就不肯真低首下心，乖乖地做个"保丁"！

有一天我去保长家里，碰巧乡约也来了，他喝着三分酒，面孔转成古铜色，没有一点笑容，显然是满肚子的不高兴，想借今天喝着点酒发作出来。他们谈到本村管理磨坊的事，村子里面有一个磨坊，是大公家的财产，私家可以租用，一天缴付一升租米。在旧制里，管理磨坊的工作完全交给乡约，可是新制的保长来了，他却只管收租米，而把管钥匙的工作交给乡约。这就是遇有谁来使用磨坊，乡约须得开门关门，随时照料，而使用完了交来的租米却送到保长的家里，由保长报销。这一份气自然使乡约受不住。他借着三分酒意，就在这个机会把一肚子的积郁迸发出来，保长问他的磨坊钥匙，他就撒开手，红着脖子，死命地叫道："我不管！""这是你的责任！"保长也提高了嗓子。他们吵了起来，乡约走了，可是第二天，他仍得拿了钥匙去开磨坊的锁。

作为一个帝王的使徒，绅士出身的约正多少还能说出自己所要说的话，他可以算是传统权力结构里面的一个真正代表。可是乡约的制度从地方社区的组织改变到个人身份，乡约从绅士里面贬出来，到由农民担任的情形下，他的地位已经不是代表地方，而是地方代表的下属、绅士的随从了。今天乡约的地位已经再度贬质，他的地位还在保长之下，这就表示传统的地方自治权力已为政府权力压服，乡约这个名词所代表的概念，民权久已没有踪影了！

缅怀着八百多年前吕和叔创制乡约的情形，我们怎能不为中国民主政治的前途唏嘘叹息！吕和叔若犹有灵，他怎能想象自己一手培植的乡约变成现在丑陋不堪的样子！

绅权的本质

史 靖

一、分割基层权力的几种人物

在一般的乡村社区中，在基层权力的运用上能够扮演角色的人，除了我们以后所说的绅士之外，照例还有下述的一批人物，这批人物虽然在实际上和绅士既不易分别，且不可分离，但依据中国的传统标准来说，彼此在理论上是有分别的而且应该是不相容的。这批人包括：

一是暴发户型的人物，在暴发之后有钱有势，对地方事务有干预，对于基层的权力能操纵，但是这种人虽然可以认权势威胁他人，都不能使人心悦诚服；暴发之户多乏仁义之心，自不免增人厌恨。这样的人是不能隶属于绅士之林的。

二是利用父兄子弟或戚谊的地位权势而在本乡本土炫耀的人，往往倚恃人事的关联，干涉地方公私的事务；地方有若干人也往往因必要而通过他们人事的关联，企图解决纠纷困难或倚势凌人。利用父兄子弟或戚谊的关系而神气起来的人，在中国一向视为当然，不过既是因他人而富贵，他们自己也就无需具备若干知识与能力等条件。另一方面，这种幸运固然引人羡慕，也足以引人讥评，大致上这一型的人物和暴发型者有不可分的关系，骤然间能从子弟戚谊那儿分来权势的人，其子弟戚谊必为暴发户无疑，这样缺乏传统根基的人物，在短时期中，其地位是不易为人承认的。

三是新制度制造的一种人物，即是通过保甲制度出来的地方"行政人员"。由于保甲制度在理论上是和绅士的利益冲突的，在实际上又参入一些党团的训练，对于作为一个正派的人物，多半是不好意思直接参加的，因此，各个地方的绅士既要继续操纵地方的权力，自己又不能实际参加保甲的工作，因此只好就便指使一批无业游民或流氓地痞去接受新制度的指使，而且也只有这样一批人才能做才愿做。

以上这三种人物，虽然都分别有所倚仗，虽然在一定的社区里对若干事务也有决定的力量，但在一个注重传统的乡土社会中，他们却都缺乏传统的根基，因此可以做豪强，做恶霸，自称为一方的绅衿，却毕竟不是绅衿。

此外，还有一些在社会阶梯的轨道上正企图向上攀登或在挣扎着不肯沉落的人，大都没有什么外在权势可以倚恃，多半靠在地方权要之间的周旋得当与否来决定其地位。其中一种是好事者流，热心有余，而成事不足。这种人大半是缺乏现代的常识，不过正因为缺乏现代的常识，其思想意识便往往能代表一般落后的乡民，而一知半解的油腔滑调，尤足以迷乱乡愚听其指使，和足以阿谀权要。每当地方上发生事故，这种人照例是不惜奔走呼号，无孔不入地到处殷勤。其上焉者是凡事折中调和不求甚解，婚丧喜庆固然少不了他们，买卖产业做中作价这些必要的形式和手续也照例少不了他们，这种人就从这些工作得到点暂时的款待和些许报酬，并借着这一类的工作来提高自己的身价。其下焉者则包揽词讼，武断乡曲，到处挑拨是非，增多嫌恨，然后就投机取巧从中获利。这种人物大半是些比较聪敏能干的中农，在富庶区域里往往是些保有大量永佃权的佃权总管，温饱无忧之后，不甘于陷于"下贱"，便要竭力向上爬登。虽然在实际权力上并没有决定的作用，但如上述却有影响的作用。

还有一种人是大户人家没落的子弟，中年废读或中小学毕业，俨然长衫阶级，既不肯与农民为伍，又不事家人生产，便只好游手好闲到处惹是生非。来源容或不白，结果必然是与前者同流合污，终至声名狼藉为人所不齿。没落的大家子弟照例是好吃懒做把家产荡尽，然后只好利用祖宗和姓氏的招牌招摇撞骗，并借着一件长衫或一套新式的制服，在外表上的确不同于普通乡民，遂得钻营奔走，在地方事务上希图染指。念过几句书识几个字见过一些世面，就一方面可以吓唬乡人，一方面可以应付官场或和邻乡交涉。因此，他们实际上虽然是社会的废物，也似乎有些用场了。这种游手好闲的大家子弟最容易和流氓地痞交好，并且也会很快地变成地痞流氓，种种不名誉的事情少不了他们，每逢年节庙会更是他们得意之秋，新制度兴起之后，眼看着这批社会的废物一个个变成地方的官员了。以这样的人物行"新政"，新政本身的成败固勿论矣，然而在旧的主宰未去，又加上一重主宰者，老百姓可大遭其殃了。

此外要提到的是若干保产主义者，这些人多半是富农和小地主，家道小康的人参与地方的事务，目的乃在借此结识他人以保障自己的安全，所以除了应付环境而外，不发生积极的作用。虽然其中也不乏人想图谋发展跻入绅士之林，不过实际上的作用还是在以进为退地保产而已。目的既如此之单纯，只要能够得到安全，这批富农小地主除了尽可能把希望寄托在下一代人身上，自身是非常识时务而不大图进取的。这批人大都就就于原有产业的维护经营，在公私事务的场合里是尽量避免卷入是非的漩涡，在许多意见的表示上往往是趋于保守的方面。保产主义的人虽不敢积极去占取别人的便宜，无论如何自己总不能吃亏。因此他们也需要绅士的头衔，因为这头衔可以给他们一些方便和好处，比如免丁役省征摊……事实上保产主义者一方面的确是绅士的候补人，一方面他们自身基于利害的关系也往往能产生出一种代表的人物和各阶层抗衡，虽然他们对于作为一个绅士的许多条件并不齐备，但在地方上基于恒产和家世也往往能获得若干人的信任。

这以上六种类型的人物，是我们可以在各个地方的基层权力活动的结构中随时碰得到的，在有的地方是同时出现的，在有些地方也许只有某数个类型，这些人在各个社区中都似乎是以绅士的姿态在热心地参与地方的公私事务，有的且因能参与而沾沾自喜，由于他们的活动和热心以及种种实际的表现，对于一个观察基层权力活动的人也每每易于造成一种错觉，真的把他们当成绅士看待，而实际上他们并不是绅士，他们在广泛的舆论上得不到承认和信服，因此尽管奔走呼号异常热心，尽管在事务上不能缺少他们，甚至可以蛮横把持一切，然而在有真正绅士的地方，毕竟没有决定的权力；决定社区之内的事务权力，是操在绅士的手里，除了强大的暴发户外如像军阀时代的军人政客、现代的党政要人——其他类型的人物大约相当于绅士的干部，只能在绅士的主宰下去分割一些权力（至于没有绅士的地方自然是由他们自主地去分割了）。所以我们说这各个类型的人虽然在理论上和传统所认为的正绅是不相容的，而在事实上则是不可分的，没有干部绅权就无法施展，干部离开绅权也就失去保障，所以在以下讨论究竟是哪些人才配称为绅士的时候，我们虽不免把绅士理想化了，甚至还不免要招来为绅权辩护的嫌疑，但是只要明白理论上和实际上并不是一回事情，因此理论上绅权虽然依据传统思想及标准而显得神圣不可侵犯，实际上的表现则是利用一种微妙的手法，在一种灵活的运用下，绅士与干部互相利用相得益彰。权力与利益实际上是共同分割的，而在出了乱子的时候，绅士照例是不会负担责任，而且多半要以俨然超然的姿态发表意见的。这即有赖于微妙灵活的统治术的运用，也是绅士及其干部实际关系的一种剖视，所以二者的确很难令人分别。而且土豪恶霸要变成衣冠正绅，也只是时间问题，不过在同一时列内二者是有一个分别的，干部之流在进行剥削掠夺人民时是以无赖敲诈的姿态出现而不择手段的；绅士则是要顾全面子要讲究手段的，他们是如下节所述是依仗传统基础去进行一种经常的不觉察的剥削。绅士与其干部之有分别者就在这毫厘之间，而绅士之易于招致直接的攻击者，也在乎此。

二、绅士所必须具备的条件

什么样的人才叫作绅士呢？传统的回答是非常确定的："士大夫居乡者为绅。"绅也就是缙绅，是专指那些有官职科第功名居乡而能得到乡里敬重的人士，这个回答可以说是绅士最好的定义，合乎这个定义的就是绅士，否则便是恶霸、是土豪、是地痞、是劣绅、是绅士的干部。在今天倘如要把这个定义依据各地实际的情况来详细加以解释一番的话，可以把它分成下列几点：

第一，作为绅士的人在家世方面必得有一个光荣的过去，值得乡人景仰羡慕，消极的要清白没有恶名恶迹，积极的要有优越于别人的地方。功名富贵，都是被作为品评的根据。

第二，还要看其人及其父祖或其家族对地方的贡献，贡献且必须是具体的事实而非空言，绅士的责任不但要维持一地的风习和秩序，还要负责推动地方的公益事业和建设，贡献愈多其声望就愈大，举凡修桥补路，办教育，兴实业，办慈善救济，主持节令庙会，与夫维持治安，都有赖于绅士主持。

第三，典型的绅士一定是居乡的士大夫，是有功名科第的退休林泉的官员，功名愈高，官职愈大，其作为绅士的地位也愈高，影响也愈大。绅士之所以重要者就在曾有功名官职，他之所以与皇权不可分者，就在曾有这种关联。这里绅士首先与一般老百姓不同的地方是他有知识，然后有功名官职，知识与功名官职不仅是与一般老百姓最易识别的一种分野，而且一个人可以因这些关系扩大生活的广度，在人事上可以通过同年同学同僚种种关系比普通人增加较多交往结纳他人的机会，因而不单在本乡可以树立起权势，在本乡之外也可得到关系或权势的支持，和官府的承认与看重。

第四，每一位绅士照例有一份丰厚的财产，绅士与地主往往不可分，占有土地愈多其为绅士也愈大，虽然所有的地主不一定都是绅士，不过绅士则一定是地主，并且是大地主。财产愈丰厚，生活自然舒适闲暇也就愈多，地主绅士的生活除了享受豪华之外（这是相对着普通农民而言的），一方面要培护教养下一代的子弟，一方面自己必要参加地方的活动，在这个兼并吃人的世界消极退让往往无以自保，有了丰富财产的人不仅要保护既得的利益，还要增加新的利益。

第五，绅士必须有地方人民的拥戴，作为绅士的人也必能得到相当多数的拥戴，这因为基于财产和家世两项，每一绅士总可以得到一定基本的群众支持。基于财产，可以得到佃户及佃户的家属威谊的听从；基于家世，可以得到本族人口的推崇，所以绅士的家世不仅要有光荣的过去和将来，最好还要是隶属于一方的大族。

第六，敬老尊长是中国传统社会里的一个很重要的原则，虽然单纯的凭年老并不足以得到尊敬。但年纪倘如能配合上其他的条件，不仅尊敬随之而来，而且多半被称颂为年高德劭了。试计算一下合乎标准的绅士，从学而优则仕，由仕而退休，依照一般的情况来说年纪大约该到五十了。这样的年纪不算太老还可以亲自行动，也不算太小福气好的早已儿孙满堂了，有了这样的年纪，经验与资历才可能有效地累积起来，办起事来也比较方便。

第七，当以上的条件齐备之后，就可以建立起一种威望和崇高的地位，受人尊敬被人信服，更可以借此招致官府的倚重，或用以挟持和对抗官府，这种威望和地位实即绅士最鲜明的标帜。

根据以上的陈述，可以充分见出这种威望和地位的建立绝非一蹴可就，不仅要具备当前的条件，还必须从时间上去争取传统的承认。因此，要了解绅士的究竟，一方面固然要看表面上他是否具有上述的威望和地位，尤应分析他是否具有建立威望地位的各个条件，这些条件在我们看来（除了另外一些机会的因素之外）是不能缺少任何一个的。比如仅仅具有钱势的暴发户，只能使人畏惧而不能使人信服，这因为一个道地的绅士不仅要有财富和权势，还要这权势和财富能有历史和传统的支持（应该声明的是这仅是时间的问题，事实上在中国的累积在开始的时候有几人是以忠厚得来的呢），在乡土社会中，如大家所深知的，历史和传统对于许多事情都可以发生拘束和限制的作用。自然也是同样的，仅仅凭依历史和传统的支持而失去了财富和权势，那是些大家没落的子弟，是更不足道了。而绅士之所以在中国社会蕴含着巨大的力量者，就因为他有权势财富，还有根深蒂固的传统予以支持，绅士在基层社区里之所以厉害者，就因为他不仅能使人畏惧，还能使人信服。追究那所谓的传统，实即遵循正统的思想，把握住中国社会价值和道德的标准，制造出一套主权分歧的意识形态，从长时间中用各种方式渗入各个阶层的人心，从而维持着一个当然的秩序，上对国家皇室尽忠，下能表率一方群伦，这就是一个道地的绅士，也是一个道地的绅士的基本责任。这种绅士必然是在本地要保持社区的稳定，要尽量减少阶层的流动，要设法阻止和压抑任何绅士的代兴；对于整个局势也必然是要维护传统憎厌革新的。

三、绅权的本质

具备了上节所述的条件而成为一个道地的绅士之后，就可以得到社区之内各阶层的敬重，也一定会为官府所倚托。因其能受人敬重故得支配地方上的事务，因其能得官府的倚托乃得有外力支持以凌驾他人。权力一旦建立，运用倘如得当，就不仅成为社区之内各种事件决定的人物，也变成社区代表可以与官府周旋，于必要时还能有所挟持抗衡。绅权之所以微妙而不易确定其性质者，就因为它具有决定和周旋抗衡这两种不同的运用的姿态。当其对社区之内决定一切的时候，他是一方的领主，可以主宰乡民的祸福。当其向官府周旋抗衡时似俨然为地方为人民争权利谋幸福，因此我们极易把绅士当成中间人物看待，比如在三征政策的奇重负担之下，我们也可能经常听见各地省县参议会诸公不断提出申诉以至于抗议，要求减低三征的负担。名义上都是为了"以苏民困"，固然三征真的取消了人民的生活当然可以改善很多，不过实际上三征政策也同样不利于绅士地主阶层。征实征购固然使人民无隔宿之粮，也要削减绅士们的收入，征兵如果太多，虽然征兵永远不会征到绅士家里，但壮丁外流势必要影响社区之内的人工和生产，这些都和绅士们的财产生活有密切的关联，在可能时自然要表示不满。

在过去皇权统治之下，绅士们的些微抗议往往是可以得到满意的答复的（往往甚至可以赶走地方首长）。但是新的皇权既早从保甲制度中埋伏下彻底集权的种子，即在过渡时间也削减了绅士们不少的权力，在当前戡乱期中更迫于需要皇权更深入了基层，在豪门势盛的时候，地主绅士的利益已经不是皇权主要的更不是像从前是唯一的基础了。这样抗议尽管抗议，效果则是很少的。为了不"损害"自己的利益，作为地主绅士的人必然要将损失转嫁为佃户和乡民的负担，从而不择手段地加强剥削了。这种行为不仅违背了绅士们所笃信的正统思想中庸之道，而自毁其威望和信誉，也一定要因这种行为加速农民的愤恨和反抗，事情一旦演变到如此田地，绅士们所一贯强求的"社会安定"固不可得，而且对于这种后果的造成也许不是始作俑者但也首当其冲了——当民权从基层社区抬头的时候，第一防线的敌人就是地主绅士。至此，绅士们所做的就不只是损失的转嫁，而是完全站在对立的地位了，只有在这种关头绅权的面目才表现得最为清楚。而在一般的情形之下，绅权可以右图表示之：

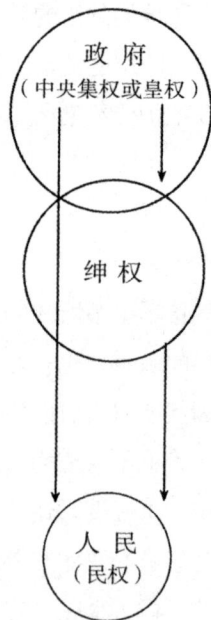

箭头表示权力的行使和主从的关系，当政府权力直接施诸人民身上，绅士是保持中间姿态的；当政府权力施诸绅士身上，绅士是抗衡政府的；当他们自己将权力施诸或代政府将权

力施诸人民时，绅士是和人民对立的；一旦民权强大时，他们是和政府皇权一致的。他们的利益是和皇权共休戚而权力也是相掩不可分的，至于相掩部分的大小则视时代而转移的，在今天可以如右图较小，但在过去可以很大，有时且曾一度混同。

对于整个权力结构来说，如果以县以下为界限的话，皇权与绅权一向是分工合作的。分工的方式相当于税制中的承包制，绅士在往昔似乎即是整个权力结构中基层地方上的一个承包代理者或是受委托的代理者，负责办理政府与人民之间的义务履行的事务，酌量各地情形拨订一个负担的标准，绅士即负责经手交纳，政府在经常的情形下照例不得另加干涉或多所勒索，这种方式在田赋徭役上也许还不大明白，那北伐以前的厘金制度就很清楚了，许多地方的厘金关卡多半是绅士主持而由其干部奔走的。他们和政府最易引起争执的地方就在盈亏之间，当年岁丰收或税收旺盛远超过了原定应交的数额，政府必要设法另立名目地增取一些；当年岁歉荒或税收不旺获利有限以至于要赔本的话，绅士们自然要向政府请求减少定额。无论是哪一方面向哪一方面要求，总得费些口舌波折，结果如何，等于是对绅士力量的一种考验，如果绅士能相互团结或者能倚恃较地方政府更大的官员，多半可以胜利。倘如地方官长坚持则往往采取控告的手段，予县长以警告甚至迫其去职。但近年以来情形稍有改变，各地绅士的潜势力虽仍然很大，不过在新的政权迫使之下，承包办制的方式已很难继续，在绅士和新制度相互利用的过程中，为了使政令与实情不相抵触，又采取了一种折中的分割制，如像各县的财务委员会一样，对于地方财产及一部分税收绅士任保管，县长司出纳。这样，过去是分工，现在则是合作了。方式虽先后稍有不同，本质则完全一样。

绅权的继替

史　靖

由费孝通先生的"双轨政治"所引起的讨论，不久前曾极其热烈。其中关于绅权的部分，更引起过论战，大致上一种意见是认为绅权完全要不得，一种意见则认为在缺乏民权的中国，绅权在地方自治上多少有一点功用。本文的目的不在讨论这些，只在指出一个事实，不管我们怎样去估价或希望绅权怎样，而绅权是在日渐衰微了。这在民权抬头的地方绅权固必然要趋于消灭，即在民权依然脆弱的地方，由于豪门集权加强的外在因素和绅权继替常轨中断的内在因素双重影响下，也不得不宣告没落了。关于前者费先生曾详论之，此文仅就后者稍叙愚见。

一、继替的常轨

农业社会阶层流动的艰难，造成了社区的稳定，在稳定的社区中，一切依照既存的传统秩序生活，很少有什么变动，在一般的地方控制传统和秩序的人始终不出各该地方现存绅士族姓的范围，在正常情形之下，大都数一脉相承直到今天还看不出有什么变动的迹象。作为绅士的人除了纯粹依据家人戚族权势者外，大都是在外面做过一些时候的事情，约莫在不惑或知命之年回到家乡，收拾田园结束宦游，承担起他们父祖们创造的或世袭的遗业。

向上推去，他们的父祖也大都是在相近的年龄自外归乡，或者把在外经营的收获带到故乡作扩大产业的资本，或者利用在外的声誉、官位维持既得的利益，在这一定的地区之内充分地发挥他们剩余的生命的效用，一直至于衰老死亡，而在正常的状况之下，当他们衰老死亡之时必然有子孙继承其地位，使家族之光不致随己身之逝而泯灭。基于这个不可免的生命的循环，便必然要自觉地或不自觉地确定一个轨道来完成两代之间的继替，这个轨道如何安排，我们从一般乡间既存的事实中可以得到如下的启示。

（一）按照一般绅士们过去的家规，家里都经常请有东席，六七岁左右的孩子就开始发蒙，从《三字经》读到四书五经都已熟悉，应付考试的格式文章也已熟练，大约已快近弱冠。就在十六岁到二十岁之间都得结婚，然后去功名场中竞赛，胜利的自然是按部就班地青云直上，失败的也多半要在外面奔走若干时候。在过去，读书的人不多，考试的制度对应试者似留有一个巧合的比例，虽然是一种淘汰的形式，但由于人数有节制，规规矩矩念书的今年不取明年或后年总可考取，这一届不取下届或再下届总有机会考取。自然愈向上的考试时间距离愈长名额限制愈严考取也就愈难，不过普通只要能考过秀才在家乡也就够有面子，如果他不能取得更高的功名，他也得到外面去做点事情，做幕僚，做有地位的人家的东席，尽可能地去得个一官半职，转瞬之间大约就该到不惑或知命之年，在这个年纪除非已做了大官不便立时退休外，通常都得迅速返家，因为这时候应该是他们下辈开始出头向上考升的时候，也是他们上辈快近衰老死亡的时候。他们的归来一方面是逐渐接替上代人的地位和声誉，建立自己的地位和声誉，并从上代人的指示中去熟悉社区的情况。另一方面是指引下辈人上进的机宜，假定这种情况是全国性的话，他们的引退正是对于职业机会均等有效的实行，自己回家保产让另一代的人有爬升的机会。这就是一条轨道，所以一般乡间的绅士都是在四十多岁的时候就仿效他们的父祖一齐回到故乡，继承先业。

（二）计算一下三代的成长，必需有六七十年的时间才能有效地配合，不能做这种长时间的有效配合的人家，他们的结果是没落破败。不能做这种有效配合的大约有三种情形：1. 上一代人早死，自己的功名地位皆未确定，向外发展吧，家乡无人照顾；留在家乡吧，自己的威望不够，社区情形不熟，在社区人心中声势实不免降落。2. 自己突然夭逝，使老少两代来不及衔接，当上一代人一旦逝去，孤儿寡妇正是乡里欺凌的对象，尽管以后下代可以挣扎起来，既得的权势则必须中落。3. 自己和上代人已做到有效的配合，却缺少下一代的接替。前两种情形除了挣扎和补救而外唯诉诸天命，后一种情形则必然要造成权势以致香烟的中断。因此情形最为严重也就最需要做有效的补救和防治。补救和防治之道一是早婚鼓励生育，一是纳妾过继。然而补救和防治的结果，固然有的时候可以继续香烟和权势，但伴随着而来的却是另一些不幸的后果。我们曾经说过社区中阶层的流动艰难，上升固不易，下降的情形也少有。所有的下降的人家除了有因子弟堕落破败者外，主要的则是上述的两个原因，第一是生命成长的常轨失去有效的配合，第二是由于鼓励生育造成人口的过剩，纳妾过继酿成家族之内的许多纠纷，纠纷固足以削减自己的声誉地位，人口的过剩尤为衰落的要因。

中国习惯上都认为世家不过三代或五代多半衰微，而兴人事沧桑之感慨，其实这其中实有必然的原因存在。正如农夫希望增加劳力而愿意增殖人口，一旦人口增加生产品并不增加遂更沦于贫困一样。绅士之家为了继替有人香烟茂盛而鼓励生育，生育既多，增产有限，在中国弟兄平均继承遗产的原则之下，两代之后子孙渐繁，原来万贯之家几经分割，各别所得自然越分越少，拥有的家产愈少也就是表示其权势愈小，这因为在构成绅士的若干必备的条件之中财产是最基本而先决的条件。许多富绅巨室是这样分散的，至于乡中另一些寒微的小地主也都由于上述各个原因所造成（这都是就正常的情况而言，至于人事的变幻、天灾的袭击和兵祸、匪祸等意外因素更无庸赘述了）。

这就是绅士继替之常轨和几种破败没落的可能情形，这些情形和常轨很久以来一直存在于社区之中，循环演递。但时代变迁，西洋文化的急遽输入，已促使中国社会不能不有所改变，在中国社会改变的过程中关于绅士的破败没落原因虽然还在，那继替的常轨却发生了阻障，不能再如往昔做有效的配合，因此在绅士的自身产生了一种无以为继的苦衷，其结果对于个别的绅士来说在才能的选择上有了显著的降低，对于整个阶层来说配合上近代豪门集权的强势乃更加速了衰微的命运。

究竟中国有了什么改变影响了绅士的继替呢？这是我们在下节中所要讨论的。

二、城乡关系的脱节

在近代显著的社会变迁尚未明朗之前，传统为绅士世家的子弟安排好了稳固的道路，只要不自暴自弃按部就班地走去，就一定可以长期保持既得的权势，学而优则仕固然可以立于庙堂之上，学而不优仍旧可以回到故乡控制基层的权力，二者巧妙的运用使中央和地方都能受同一阶层的支配。自从千年不变的科举制度被正式废除之后，新的制度自西方搬来，学校教育代替了科举教育。虽然这个改变并没有妨害既得阶层的优势，但这个改变却有了如下重要的表现：

（一）把从前分散在城乡村镇的教学方式改变成集中于城市，特别是集中于大都会的学校。

（二）把过去的八股经义一类的教学科目改变为近代学校中的许多社会科学及自然科学的学程。

（三）这些新的学程都是近代西洋工业社会的产物，却被移植在仍然停留在农业（而且是落后的农业）和手工业生产的中国，在缺乏有计划的全盘改造适应之前，无疑地要和中国实际的情形脱节。

在改变之初一切都不显著，这些情形的严重性自不易为人重视，昔年把持着科举阶梯的阶层，尽管仍不免对旧制度有依恋，却也很快地转向于新制度的占有，因此一批批绅士世家的子弟遂纷纷进入新式学校。学校是近代仅有的传授知识的机关，只有有能力进得起学校的人才能得到知识，学校和昔年分散教育方式比较起来，似乎更有利于绅士这一阶层。因为学校既非任何人都可设立，进学校的限制也就很多，特别是在学校制度初创之时，学校数目太少，想进学校实非易事。物以稀为贵，最先取得学校资格的人自然可以优先得到许多权利，就在这种情形之下，旧日的绅士阶层遂大多得以维持和扩展原有的权势地位。不过时间愈向后推移，前举的改变也就愈益明朗而显著，浸假而至发生一种有趣的矛盾——原来所以利于绅士阶层者终于成为腐蚀绅士阶层的重要原因之一。试简单地加以说明：

第一，城市与乡村自然一向就有差异，但在早年无论城乡既都是建立在农业和手工业生产的基础之上，所以仅有的一些差异也只限于程度。近代社会变迁之后，通都大邑完全接受了西洋文明的洗礼，工业设施、西方习俗日渐传入，影响所及遂使城乡之间由程度之差变为性质的不同（从而造成了近几十年来城乡的脱节和对立的恶感，进一步地更变成仇恨和斗争了）。学校特别是高等学校既大多设立于通都大邑，乃使分散于各地的求学青年逐渐集中于少数都会。都市与农村的习俗不尽相同，在长期的教育过程中必要受到都市习俗的熏染终至不能与农村的习俗协调；畸形发展的近代都市其物质设备又特别富于诱惑，比起农村中的简陋单调自然使人留恋都市，而不肯回到农村，这不仅绅士的子弟如此，连那些辛苦挣起来的农家子弟一旦走进新式教育的领域，也往往要尽量留在都市不愿回乡。这在开始固无妨于绅士之权势，久之则不免要破坏绅士继替常轨的有效配合。

第二，过去教学的主要内容如《四书五经》八股帖式等全国一律，并无什么城乡的分别，这些科目虽和农业生产没有什么直接的关系，但是分散于各个地方，因此单从教学内容上不足以造成城乡地域上的脱节，所学的都是为了应付考试，尤论考取与否，落叶归根，他终必回到他原来出身的地方，在当时不仅是应当如此的，也是事实上可能的。学校制度代兴后，都市生活既造成了上述的现象，教学内容的改变又造成了另一个事实上的困难。那就是中国社会实际的情况还停留在农业生产的阶段上，而学校里所灌输的大部分都是适应工业文明的观念意识和技术，一个自农村进入都市的青年经过这种长期的教育，自觉的或不自觉的都会受到很深的影响。这种教育和影响对于中国现代化的工作自然是必需的，不过由于缺乏全盘的计划，教育虽然赶上了时代，别的部门却依然落后。教育固然可以发生一些启蒙领导的作用，而大部分的时候终不得不受其他部门的拖累或停滞不进或和其他部门脱节。无论如何这种教育的所得除了能在都市中稍有所用外，在少数都市以外的地方是无法施展其本领的。这种情形更随着教育程度而显著，教育程度愈高的愈集中于大都市，再等差地分散于省城县城和镇集。这种人才分布不平均的现象将造成多少不良的后果此地不想多加讨论，但这种不平均的现象却促使绅士继替的常轨发生阻障。在现状下只有绅士以上的阶层有能力培护子女享受新式的及高等的教育，绅士们的子弟既一批批地送了出去，却很少能够回来，这在及身之年尚不致感到不便，到了要衰老死亡的时候就会感到原来所引为炫耀者已成为继替中断的主要原因。

第三，学而优则仕的心理虽至今日仍深印中国人心，这自然是因为做官有特殊的好处，而这种好处现今依然存在才使人产生这种心理。学而优则仕的正途在过去由科举考试作有计划的控制，虽然时间久了也逐渐有了官吏候补者过剩的现象，但严重的程度既不如今日之显著，而且还有生命自然的调节去配合绅士继替的常轨，所以得意的人都跻于庙堂之上，不得意的或退休的人则回到出生的地方。近代的新式学校既是工业文明的产物，作风自然符合工业社会的要求，对于知识分子的训练是大规模的生产，官吏候补者大大增加，而职业的机会反而相对地减少，过剩的现象既然严重，竞争的情况也就激烈。因为职业的机会多限于都市，便更要集中在都市才有取得职业的可能。

第四，既基于以上的原因不肯回到乡间去，他们和乡间的距离也就愈远愈显得生疏，对于乡间的情况也就愈不熟悉，而在形式上表现出两种不同的生活方式，极不易于协调。一旦当他们在都市里一再碰壁而兴归去之念，立刻会发现另一个壁垒也在阻挡着他们归去——第一，他们不能适应乡村的生活；第二，他们不能适应乡村社区中人事的环境；第三，当大家都挤向都市的时候，从都市里退避出来不免意味着一种失败被淘汰的遭遇，它在乡里人士的心目中暗地或半公开地要感到自尊心的损害；第四，多年教育的结果使一个人的内容和形式都有些改变，从都市里带回的生活习惯固然和家乡人扞格不入，从新式教育中所吸取的知识思想意识，更要和传统发生冲突。两代之间对于许多问题都有分歧，而自身又充满许多矛盾，这原是社会变迁中必然要发生的时代悲剧，但是如果他不能自己去接受传统的约束便只有再转到都市。于是原来是不肯回去的又弄得不能回去了。

第五，就事论事，在中国基层社区中民权的力量非常脆弱，把握或治理基层社区的人一向有赖于绅士阶层，绅士的继替常轨既发生了阻障，绅士的本身就不免要有些变化，原来应该继承绅士地位的人都纷纷离去，结果便只好听滥竽者充数，绅士的人选品质自必随之降低，昔日的神圣威望乃日渐动摇。正绅大都年迈力衰，继替无人，社区大小事务无法躬亲指示，宵小遂趁机操纵，开始还顾全一些面子对正绅多少有点顾忌，一旦有更高的权力为之庇护，便为所欲为横行乡里鱼肉人民了。横行鱼肉的结果必然引致农村的不安，一方面更加强了受新式教育不能回不肯回的因素，一方面是基层行政更每况愈下，在新的理想的社会未建立之前，比起过去绅治的情形也相去很远了。所以我们说这种继替常轨的中断，是绅士阶层式微的重要的内在原因。

这些情形都是可以在各个乡间清清楚楚见出的，试以湖北的一个乡区为例，中年以上的人曾经进过大学的并不太多，他们大都已在社会上稍有地位，正在盛年，都已在都市里立下了事业的基础，最显著的例子如像某著名地质学家，不仅多年没有归去，根本遗忘了自己的故乡，连母亲的垂危都不足以使他兴一点归念，这是在亲朋中最感为遗憾的事情。还有一位留德的工程师，久经风霜之后，想回去躲避休息借此为地方兴办一点事业，但跟着治安的混乱也无法久居了。年轻的一代已经在大学毕业的有十五六个，直到三十五年（1946）为止还不曾有一个人回去，偶然回去的也多是利用假期当作游历休养的性质，实在想为地方服务的固然没有，地方上需要他们也留不住他们。三十五年夏末秋初，绅士们利用地方上的公产庙产创办了一所中学，仗着绅士们的人事关系，学校很快地就受政府批准立案，四乡聚拢的学生顷刻就有三百五六十人。开办的经费也还充裕，规模也都不错，但是却缺乏师资，结果校长固然可以由绅士中受过高等教育的人充任，干部则不易聘请。绅士们满以为只要本乡毕业的大学生归来一半阵容就够精彩，结果竟一个也没回去，大都挤在武汉和南京。

这些挤在武汉和南京的人所担任的工作，其中小部分在做公务员，大部分都在武汉做教员，由于都市里人浮于事，好些都是费了九牛二虎之力才找到职位，其名义并不一定好，实际得到的待遇也许还没有乡下教书多，只因为这中学是设立在一个小的乡镇上，大家最先提出感想都是嫌乡下没有电灯，看不到当天的报纸，并且因为几年在后方多半住在小城镇，一旦回到大都市是再也不想下乡"受罪"了。

绅士们是很苦恼的，以往他们要仗着子弟在外面的成就来装点自己，但现在他们已到了没落的时候，看看这些刚长大的大学生短时间也不会出什么奇迹，便极希望大学毕了业干脆回家来壮壮自己的声势，既创办了一个学校便希望它成为地方上有势力的重心，首先要有年轻精干的干部帮忙才行。而年轻的一代却都另有打算，乡下的发展有限，谁都不甘于在乡间工作，在中国正迈向现代化的时候，建立在土地上的权势虚荣已失去诱惑知识青年的力量，在长期的教育过程中大都有一点目中无人胸怀大志的模样，自不屑于去参与一个小乡中的社区活动。这一点理想很显然的同上一代人的现实性发生冲突，"养子等于无"，许多绅士都有过如此的慨叹。

学校自然不易办好，势力又日渐衰微，绅士们的慨叹是无穷的，主要的原因是时代变了，豪门权势的加紧剥削和昔年有效配合的继替常轨已宣告中断，绅权因不免要变质和没落，一旦民权伸张，是更势不两立了。

朱元璋的统治术

吴　晗

一、大明帝国和明教

吴元年（1367，元至正二十七年）十二月，朱元璋的北伐大军已经平定山东。南征军已降方国珍，移军福建，水陆两路都势如破竹。一片捷报声使应天的文武臣僚欢天喜地，估量军力、人事，和元政府的无能腐败，加上元朝将军疯狂的内战，荡平全国已经是算得出日子的事情了。苦战了十几年，为的是什么？无非是为做大官，拜大爵位，封妻荫子，大庄园，好奴仆，数不尽的金银钱钞，用不完的锦绮绸罗，风风光光，体体面面，舒舒服服过日子。如今，这个日子来了。吴王要是升一级做皇帝，王府臣僚自然也进一等做帝国将相了。朱元璋听了朱昇的话，"缓称王"，好容易熬了这多年，才称王，称呼从主公改成殿下，如今眼见得一统在望，再也熬不住了，立刻要过皇帝瘾。真是同心一意，在前方厮杀声中，应天的君臣在商量化家为国的大典。

自然，主意虽然打定，自古以来做皇帝的一套形式，还是得照样搬演一下。照规矩，是臣下劝进三次，主公推让三次，文章都是刻板的滥调，于是，文班首长中书省左丞相宣国公李善长率文武百官奉表劝进："开基创业，既宏盛世之舆图，应天顺人，宜正大君之宝位……既膺在躬之历数，必当临御于宸居……伏冀俯从众请，早定尊称。"不用三推三让，只一劝便答应了。十天后，朱元璋搬进新盖的宫殿，把要做皇帝的意思，祭告于上帝皇祇说："唯我中国人民之君，自宋运告终，帝命真人于沙漠，入中国为天下主，其君臣父子及孙百有余年，今运亦终。其天下土地人民豪杰分争。唯臣帝赐英贤，为臣之辅，遂戡定诸雄，息民于田野。今地周回二万里广，诸臣下皆曰生民无主，必欲推尊帝号，臣不敢辞，亦不敢不告上帝皇祇。是用明年正月四日于钟山之阳，设坛备仪，昭告帝祇，唯简在帝心。如臣可为生民主，告祭之日，帝祇来临，天朗气清。如臣不可，至日当烈风异景，使臣知之。"①

即位礼仪也决定了，这一天先告祀天地，再即皇帝位于南郊，丞相率百官以下和都民耆老拜贺舞蹈，连呼万岁三声。礼成，具皇帝卤簿威仪导从，到太庙追尊四代祖父母父母都为皇帝皇后，再祭告社稷。于是皇帝服衮冕，在奉天殿受百官贺。天地社稷祖先百官和都民耆老都承认了，朱元璋成为合法的皇帝。

皇帝的正殿命名为奉天殿，皇帝诏书的开头也规定为奉天承运。原来元时皇帝白话诏书的开头是"长生天气力里，大福荫护助里"，文言的译作"上天眷命"，朱元璋以为这口气不够谦卑奉顺，改作奉作承，为"奉天承运"，表示他的一切行动都是奉天而行的，他的皇朝是承方兴之运的，谁能反抗天命？谁又敢于违逆兴运？

洪武元年正月初四日，朱元璋和他的文武臣僚照规定的礼仪节目，逐一搬演完了，定有天下之号曰大明，建元洪武。以应天为京师。去年年底，接连下雨落雪，阴沉沉的天气，到大年初一雪停了，第二天天气更好，到行礼这一天，竟是大太阳，极好的天气，元璋才放了心。回宫时忽然想起陈友谅采石矶的故事，做皇帝这样一桩大事，连日子也不挑一个，闹得拖泥带水，衣冠污损，不成体统，实在好笑，怪不得他没有好下场。接着又想起这日子是刘基拣的，真不错，开头就好，将来会更好，子子孙孙都会好，越想越喜欢，不由得在玉辂里笑出声来。

奉天殿受贺后，立妃马氏为皇后，世子标为皇太子，以李善长、徐达为左右丞相，各文武功臣也都加官进爵。皇族不管死的活的，全都封王。一霎时闹闹攘攘，欣欣喜喜，新朝廷上充满了蓬勃的气象，新京师里添了几百千家新贵族，历史上也出现了一个新朝代。②

皇族和其他许多家族组织成功一个新统治集团，代表这集团执行统治的机构是朝廷，这朝廷是为朱家皇朝服务的，朱家皇朝的建立者朱元璋，给他的皇朝起的名号——大明。

大明这一朝代名号的决定，事前曾经经过长期的考虑。

历史上的朝代称号，都有其特殊的意义。大体上可以分作四类：第一类用初起时的地名，如秦如汉。第二类用所封的爵邑，如隋如唐。第三类用特殊的物产，如辽（镔铁）如金。第四类用文字的含义，如大真大元。③大明不是地名，也不是爵邑，更非物产，应该归到第四类。

大明这一国号出于明教。明教有明王出世的传说，主要的经典有《大小明王出世经》。经过五百多年公开的、秘密的传播，明王出世成为民间所熟知、所深信的预言。这传说又和佛教的弥勒降生说混淆了，弥勒佛和明王成为二位一体的人民救主。韩山童自称明王起事，败死后，他的儿子韩林儿继称小明王，西系红军别支的明昇也称小明王。朱元璋原来是小明王的部将，害死小明王，继之而起，国号也称大明。④据说是刘基提出的主意。⑤

朱元璋部下分红军和儒生两个系统，这一国号的采用，使两面人都感觉满意。就红军方面说，他们大多数都起自淮西，受了彭莹玉的教化。其余的不是郭子兴的部曲，就是小明王的余党，天完和汉的降将，总之，都是明教徒。国号大明，第一表示新政权还是继承小明王这一系统，所有明教徒都是一家人，应该团结在一起，共享富贵。第二告诉人"明王"在此，不必痴心妄想，再搞这一套花样了。第三使人民安心，本本分分，来享受明王治下的和平合理生活。就儒生方面说，他们固然和明教无渊源，和红军处于敌对地位，用尽心机，劝诱朱元璋背叛明教，遗弃红军，暗杀小明王，另建新朝代。可是，对于这一国号，却用儒家的看法去解释，"明"是光亮的意思，是火，分开来是日月，古礼有祀"大明"朝"日"夕"月"的说法，千多年来"大明"和日月都算是朝廷的正祀，无论是列作郊祭或特祭，都为历代皇家所看重，儒生所乐于讨论的。而且，新朝是起于南方的，和以前各朝从北方起事平定南方的恰好相反。拿阴阳五行之说来推论，南方为火，为阳，神是祝融，颜色赤，北方是水，属阴，神是玄冥，颜色黑，元朝建都北平，起自更北的蒙古大汉。那么，以火制水，以阳消阴，以明克暗，不是恰好？再则，历史上的宫殿名称有大明宫、大明殿，古神话里，"朱明"一名词把国姓和国号联在一起，尤为巧合。因此，儒生这一系也赞成用这国号。一些人是从明教教义，一些人是从儒家经说，都以为合式，对劲。⑥

元朝末年二十年的混战，宣传标榜的是"明王出世"，是"弥勒降生"的预言。朱元璋是深深明白这类预言、这类秘密组织的意义的。他自己从这一套得到机会和成功，成为新兴的统治者，要把这份产业永远保持下去，传之子孙，再也不愿意，不许别的人也来要这一套，危害治权。而且，"大明"已经成为国号了，也应该保持它的尊严。为了这，建国的第一年就用诏书禁止一切邪教，尤其是白莲社、大明教和弥勒教。接着把这禁令正式公布为法律，《大明律·礼律·禁止师巫邪术》条规定："凡师巫假降邪神，书符咒水，扶鸾祷圣，自号端公、太保、师婆，妄称弥勒佛、白莲社、明尊教、白云宗等会，一应左道乱正之术，或隐藏图像，烧香集众，夜聚晓散，佯修善事，煽惑人民，为首者绞，为从者各杖一百，流三千里。"句解：端公、太保，降神之男子；师婆，降神之妇人。白莲社如昔远公修净土之教，今奉弥勒佛十八龙天持斋念佛者。明尊教谓男子修行斋戒，奉牟尼光佛教法者。白云宗等会，盖谓释氏支流派分七十二家，白云持一宗如黄梅曹溪之类也。明尊教即明教，牟尼光佛即摩尼。《昭代王章·条例》："左道惑众之人，或烧香集徒，夜聚晓散，为从者及称为善友，求讨布施，至十人以上，事发，属军卫者俱发边卫充军，属有司者发口外为民。"善友也正是明教教友称号的一种。《招判枢机·定师巫邪术罪款》说："有等捏怪之徒，罔领明时之法，乃敢立白莲社，自号端公，拭清风刀，人呼太保，尝云能用五雷，能集方神，得先天，知后世，凡所以煽惑人心者千形万状，小则入迷而忘亲忘家，大即心惑而丧心丧志，甚至聚众成党，集党成祸，不测之变，种种立见者，其害不可胜言也。"⑦何等可怕，不禁怎么行？温州、泉州的大明教，从南宋以来就根深蒂固流传在民间，到明初还"造饰殿堂甚侈，民之无业者咸归之"。因为名犯国号，教堂被毁，教产被没收，教徒被逐归农。⑧甚至宋元以来的明州，也改名为宁波。⑨明教徒在严刑压制之下，只好再改换名称，藏形匿影，暗地里活动，成为民间的秘密组织了。

事实是，法律的条款和制裁，并不能也不可能消除人民对政治的失望。朱元璋虽然建立了大明帝国，并没有替人民解除了痛苦，改善了生活，二十年后，弥勒教仍然在农村里传播，尤其是江西。朱元璋在洪武十九年年底诰戒人民说："元政不纲，天将更其运祚，而愚民好作乱者兴焉。初本数人，其余愚者闻此风而思为之，合共谋倡乱。是等之家，吾亲目睹……秦之陈胜、吴广，汉之黄巾，隋之杨玄感、僧向海明，唐之王仙芝，宋之王则等辈，皆系造言倡乱者。致干戈横作，物命损伤者既多，比其事成也，天不与首乱者，殃归首乱，福在殿兴。今江西有等愚民，妻不谏夫，夫不戒前人所失，夫妇愚于家，反教子孙，一概念诵南无弥勒尊佛，以为六字，又欲造祸，以殃乡里……今后良民凡有六字者即时烧毁，毋存毋奉，永保己安，良民戒之哉！"他特别指出凡是造言首事的都没有好下场，"殃归首乱"，只有他自己是跟从的，所以"福在殿兴"。劝人民不要首事肇祸，脱离弥勒教，翻来覆去地说，甚至不惜拿自己作例证。可以看出当时民间对现实政治的不满意，和渴望光明的情形。

政府对明教的压迫虽然十分严厉，小明王在西北的余党却仍然很活跃。从洪武初年到永乐七年（1409）四十多年间，王金刚奴自称四天王，在沔县西黑山天池平等处，以佛法惑众，其党田九成自称后明皇帝，年号还是龙凤，高福兴自称弥勒佛，帝号和年号都直承小明王，根本不承认这个新兴的朝代。前后攻破屯寨，杀死官军。⑩同时西系红军的根据地蕲州，永乐四年"妖僧守座聚男女成立白莲社，毁形断指，假神扇惑"被杀。永乐七年在湘潭，十六年在保定新成县，都曾爆发弥勒佛之乱。⑪以后一直下来，白莲教、明教的教徒在不同时期，不同地点的传播以至起义，可以说是史不绝书。虽然都被优势的武力所平定了，也可以看出这时代，人民对政府的看法和愤怒的程度。⑫

二、农民被出卖了！

经过二十几年的实际教育，在流浪生活中，在军营里，在作战时，在后方，随处学习，随时训练自己，更事事听人劝告，征求专家的意见，朱元璋在近代史上，不但是一个伟大的军事统帅，也是一个成功的政治家。

他的政治才能，表现在他所奠定的帝国规模上。

在红军初起时，标榜复宋，韩林儿诈称是宋徽宗的子孙，暂时的固然可以发生政治的刺激作用，可是这时去宋朝灭亡已经九十年了，宋朝的遗民故老死亡已尽，九十年后的人民对历史上的皇帝，对一个被屈辱的家族，并不感觉到亲切、怀念、依恋。而且，韩家父子是著名的白莲教世家，突然变成赵家子孙，谁都知道是冒牌，真的都不见得有人理会，何况是假货？到朱元璋北伐时，严正地提出民族独立自主的新号召，汉人应该由汉人自己治理，应该用自己的方式生活，保存原有的文化系统，这一崭新的主张，博得全民族的热烈拥护，瓦解了元朝治下汉官、汉兵的敌对心理。在檄文中更进一步提出，蒙古、色目人只要参加这文化系统，就一体保护，认为皇朝的子民。这一举措，不但减低了敌人的抵抗挣扎行为，并且也吸引过来一部分敌人，化敌为友。到开国以后，这革命主张仍然被尊重为国策，对于参加华族文化集团的外族，毫不歧视。蒙古、色目的官吏和汉人同样进用，在朝廷有做到尚书侍郎大官的，在地方做知府、知县，一样临民办事。[13]在军队里更多，甚至在亲军中也有蒙古军队和军官。[14]这些人都由政府编置勘合（合同文书），给赐姓名，和汉人一无分别。[15]婚姻则制定法令，准许和汉人通婚，务要两相情愿，如汉人不愿，许其同类自相嫁娶。[16]这样，蒙古、色目人陶育融洽，几代以后，都同化为中华民族的成员了。内中有十几家军人世家，替明朝立下不可磨灭的功绩。对于塞外的外族，则继承元朝的抚育政策，告诉他们新朝仍和前朝一样，尽保护提携的责任，各安生理，不要害怕。

相反的，却下诏书恢复人民的衣冠如唐朝的式样，蒙古人留下的习俗，辫发椎髻胡服——男袴褶窄袖及辫线腰褶，妇女衣窄袖短衣，下服裙裳——胡语、胡姓一切禁止。[17]蒙古俗丧葬作乐娱尸，礼仪官品坐位都以右手为尊贵，也逐一改正。[18]复汉官之威仪，参酌古代礼经和事实需要，规定了各阶层的生活、服用、房舍、舆从种种规范和标准，使人民有所遵守。

红军之起，最主要的目的是要实现经济的、政治的、民族的地位平等。在政治和民族方面说，大明帝国的建立已经完全达到目的，过去的被歧视情形，不再存在了。可是，在经济方面，虽然推翻了外族对汉族的剥削特权，但是，就中华民族本身说，地主对农民的剥削特权，并没有因为政权的改变而有所改变。

元末的农民，大部分参加红军，破坏旧秩序，旧的统治机构。地主的利益恰好相反，他们要保全自己的生命财产，就不能不维持旧秩序，就不能不拥护旧政权。在战争爆发之后，地主们用全力来组织私军，称为民军或义军，建立堡砦，抵抗农民的袭击。这一集团的组成分子，包括现任和退休的官吏、乡绅、儒生和军人，总之，都是丰衣足食、面团团的地主阶层人物。这些人受过教育，有知识，有组织能力，在地方有号召的威望。虽然各地方的地主各自作战，没有统一的指挥和作战计划，战斗力量也有大小强弱之不同，却不可否认是一个比元朝军队更为壮大，更为顽强的力量。他们绝不能和红军妥协，也不和打家劫舍的草寇，割据一隅的群雄合作。可是，等到有一个新政权建立，而这一个新政权是有足够的力量保护地主利益，维持地方秩序的时候，他们也就毫不犹豫，拥戴这一属于他们自己的新政权了。[19]同时，新朝廷的一批新兴贵族、官僚，也因劳绩获得大量土地，成为新的地主（洪武四年十月的公侯佃户统计，六国公二十八侯，凡佃户三万八千一百九十四户）。[20]新政府对这两种地主的利益，是不敢，也不能不特别尊重的。这样，农民的生活问题，农民的困苦，就被搁在一边，无人理睬了。

朱元璋和他的大部分臣僚都是农民出身的。过去都曾亲身受过地主的剥削和压迫，但在革命的过程中，本身的武装力量不够强大，眼看着小明王是被察罕帖木儿、李思齐和孛罗帖木儿两支地主军打垮了的，为了要成事业，不能不低头赔小心，争取地主们的人力财力的合作。又恨又怕，在朱元璋的心坎里，造成了微妙的矛盾的敌对的心理，产生了对旧地主的两面政策。正面是利用有学识、有社会声望的地主，任命为各级官吏和民间征收租粮的政府代理人，建立他的官僚机构。原来经过元末多年的内战，学校停顿，人才缺乏，将军们会打仗，可不会做办文墨的事务官。有些读书人，怕朱元璋的残暴、侮辱，百般逃避，抵死不肯做官，虽是立了"士人不为君用"就要杀头的条款，还是逼不出够用的人才。没奈何只好拣一批合用的地主，叫作税户人才，用作地方县令长、知州知府、布政使，以至朝廷的九卿。另外，以为地主熟悉地方情形，收粮和运粮都比地方官经手方便省事，而且，可以省去一层中饱。规定每一个收粮万石的地方，派纳粮最多的大地主四人做粮长，管理本区的租粮收运。这样，旧地主做官，做粮长，加上新贵族新官僚新地主，构成了新的统治集团。[21]反面则用残酷的手段，消除不肯合作的旧地主，一种惯用的方法是强迫迁徙，使地主离开他的土地，集中到濠州、京师（南京）、山东、山西等处，釜底抽薪，根本削除了他们在地方的势力。其次是用苛刑诛灭，假借种种政治案件，株连牵及，一网打尽，灭门抄家，洪武朝的几桩大案如胡惟庸案、蓝玉案、空印案，屠杀了几万家，不用说了。甚至地方的一个皂隶的逃亡，就屠杀抄没了几百家，洪武十九年朱元璋公布这案子说："民之顽者，莫甚于溧阳、广德、建平、宜兴、安吉、长兴、归安、德清、崇德蒋士鲁等三百七户。且如潘富系溧阳县皂隶，教唆官长贪赃枉法，自己挟势持权，科民荆杖。朕遣人按治，潘富在逃，自溧阳节次递送至崇德豪民赵真胜奴家。追者回奏，将豪民赵真胜奴并二百余家尽行抄没，持杖者尽皆诛戮。沿途节次递送者一百七十户，尽行枭令，抄没其家。"㉒豪民尽皆诛戮，抄没的田产当然归官，再由皇帝赏赐给新贵族新官僚，用屠杀的手段加速改变土地的持有人。据可信的史料，三十多年中，浙东、浙西的故家巨室几乎到了被肃清的地步。㉓

为了增加政府的收入，财力和人力的充分运用，朱元璋用二十年的功夫，大规模举行土地丈量和人口普查，六百年来若干朝代若干政治家所不能做到的事情，算是划时代地完成了。丈量土地的目的，是因为过去六百年没有实地调查，土地簿籍和实际情形完全不符合，而且连不符合的簿籍大部分都已丧失，半数以上的土地不在簿籍上，逃避政府租税，半数的土地面积和负担轻重不一样，极不公平。地主的负担转嫁给贫农，土地越多的交租越少，土地越少的交租越多，由之，富的愈富，穷的更穷。经过实际丈量以后，使所有过去逃税的土地都登记完粮。全国土地，记载田亩面积方圆，编列字号，和田主姓名，制成文册，名为鱼鳞图册，政府据以定赋税标准。洪武二十六年（1393）全国水田总数八百五十万七千六百二十三顷㉔，夏秋二税收麦四百七十余万石，米二千四百七十余万石。和元代全国岁入粮数一千二百十一万四千七百八石㉕比较，增加了一倍半。

人口普查的结果，编定了赋役黄册，把户口编成里甲，以一百一十户为一里，推丁粮多的地主十户做里长，余百户为十甲，每甲十户，设一甲首，每年以里长一人甲首一人，管一里一甲之事，先后次序还是根据丁粮多少，每甲轮值一年，十甲在十年内先后轮流为政府服义务劳役，一甲服役一年，有九年的休息。每隔十年，地方官以丁粮增减重新编定黄册，使之合于实际。洪武二十六年统计，全国有户一千六百五万二千六百八十，口六千五十四万五千八百十二㉖，比之元朝极盛时期，世祖时代的户口，户一千一百六十三万三千二百八十一，口五千三百六十五万四千三百三十七㉗，户增加了三百四十万，口增加了七百万。

　　表面上派大批官吏，核实全国田土，定其赋税，详细记载原坂、坟衍、下隰、沃瘠、沙卤的区别，凡置卖田土，必须到官府登记税粮科则，免去贫民产去税存的弊端。十年一次的劳役，轮流休息，似乎是替一般穷人着想的。其实，穷人是得不到好处的，因为执行丈量的是地主，征收租粮的还是地主，里长甲首依然是地主，地主是绝不会照顾小自耕农和佃农的利益的。其次，愈是大地主，愈有机会让子弟受到教育，通过科举成为官僚绅士，官僚绅士享有非法的逃避租税，合法的免役之权。前一例子，朱元璋说得很明白："民间洒派、包荒、诡寄、移丘、换段，这等俱是奸顽豪富之家，将次没福受用财富田产，以自己科差洒派细民。境内本无积年荒田，此等豪猾，买嘱贪官污吏，及造册书算人等，当科粮之际，作包荒名色，征纳小户。书算手受财，将田洒派，移丘换段，作诡寄名色，以此靠损小民。"㉘后一例子，洪武十年（1377）朱元璋告诉中书省官员："食禄之家，与庶民贵贱有等，趋事执役以奉上者，庶民之事也。若贤人君子，既贵其身，而复役其家，则君人野人无所分别，非劝士待贤之道。自今百司见任官员之家，有田土者，输租税外，悉免其徭役，著为令。"㉙不但现任官，乡绅也享受这特权，洪武十二年又著令："自今内外官致仕还乡者，复其家终身无所与。"㉚连在学的学生，生员之家，除本身外，户内也优免二丁差役。㉛这样，现任官、乡绅、生员都逃避租税，豁免差役，完粮当差的义务，便完全落在自耕农和贫农的身上了，他们不但出自己的一份，连官僚绅士地主的一份，也得一并承当下来。统治集团所享受的特权，造成了更激烈的加速度的兼并，土地愈集中，人民的负担愈重，生活愈困苦。这负担据朱元璋说是"分"，即应尽的义务，洪武十五年他叫户部出榜晓谕两浙江西之民说："为吾民者当知其分，田赋力役出以供上者，乃其分也。能安其分，则保父母妻子，家昌身裕，为忠孝仁义之民。"不然呢？"则不但国法不容，天道亦不容矣！"应该像"中原之民，唯知应役输税，无负官府"。只有如此，才能"上下相安，风俗淳美，共享太平之福"！㉜

　　里甲的组织，除了精密动员人力以外，最主要的任务还是布置全国性的特务网，严密监视并逮捕危害统治的人物。

　　朱元璋发展了古代的传、过所、公凭这一套制度，制定了路引（通行证或身份证）。法律规定："凡军民人等往来，但出百里即验文引。如无文引，必须擒拿送官，仍许诸人首告，得实者赏，纵容者同罪。天下要冲去处，设立巡检司，专一盘诘往来奸细及贩卖私盐犯人逃囚，无引面生可疑之人。"③处刑的办法："凡无文引私度关津者杖八十；若关不由门，津不由渡而越度者杖九十；若越度缘边关塞者，杖一百，徒三年；因而出外境者绞。"军民的分别："若军民出百里之外不给引者，军以逃军论，民以私度关津论。"③这制度把人民的行动范围，用无形的铜墙铁壁严密圈禁。路引是要向地方官请领的，请不到的，便被禁锢在生长的土地上，行动不能出百里之外。

要钳制监视全国人民，光靠巡检司是不够的，里甲于是被赋予了辅助巡检司的任务。朱元璋在洪武十九年手令"要人民互相知丁"，知丁是监视的意思。

> 诰出，凡民邻里互相知丁，互知务业，俱在里甲，县府州务必周知，市村绝不许有逸夫。若或异四业而从释道者，户下除名。凡有夫丁，除公占外，余皆四业，必然有效。
>
> 一、知丁之法，某民丁几，受农业者几，受士业者几，受工业者几，受商业者几。且欲士者志于士，进学之时，师友某代，习有所在，非社学则入县学，非县必州府之学，此其所以知士丁之所在。已成之士为未成士之师，邻里必知生徒之所在，庶几出入可验，无异为也。
>
> 二、农业者不出一里之间，朝出暮入，作息之道互知焉。
>
> 三、专工之业，远行则引明所在，用工州里，往必知方，巨细作为，邻里采知，巨者归迟，细者归疾，出入不难见也。
>
> 四、商本有巨微，货有重轻，所趋远近水陆，明于引间，归期艰限其业，邻里务必周知，若或经年无信，二载不归，邻里当觉（报告）之询故。本户若或托商在外非为，邻里勿干。

逸夫指的是无业的危险分子，如不执行这命令：

> 一里之间，百户之内，仍有逸夫，里甲坐视，邻里亲戚不拿，其逸夫或于公门中，或在市间里，有犯非为，捕获到官，逸夫处死，里甲四邻化

外之迁，的不虚示。③

又说：

> 此谕一出，自京为始，遍布天下，一切臣民，朝出暮入，务必从容验丁。市井人民，舍客之际，辨人生理，验人引目，生理是其本业，引目相符而无异，犹恐托业为名，暗有他为。虽然业与引合，又识重轻巨微贵贱，倘有轻重不论，所贵微细，必假此而他故也，良民察焉。③

异为，非为，他为，他故，都是法律术语，即不轨、不法的意思。前一手令是里甲邻里的连坐法，后一手令是旅馆检查规程，再三叮咛训示，把里甲和路引制度关联成为一体，不但圈禁人民在百里内，而且用法律、用手令，强迫每一个人都成为政府的代表，执行调查、监视、告密、访问、逮捕的使命。③

三、新官僚养成所

专制独裁的君主，用以维持和巩固皇权的两套法宝，一是军队，二是官僚机构，用武力镇压，用公文统治，皇权假如是车子，军队和官僚便是两个车轮，缺一不可。

朱元璋从亲兵爬到宋朝的丞相、国公，做吴王，一直做到皇帝，本来是靠武力起的家，有的是军队，再加上刘基的组织方案——军卫法，一个轮子有了。

另一个轮子可有点麻烦，从朝廷到地方，从部、院、省、寺、府、监到州、县，各级官僚要十几万人，白手成家的朱元璋，从哪儿去找这么些听话的、忠心的、能干的文人？

用元朝的旧官僚吧？经过二十年战争的淘汰，生存的为数已不甚多，会办事有才力的一批，早已来投效了。不肯来的，放下脸色一吓唬，说是："您不来，敢情在打别的主意？"③也不敢不来。剩下的不是贪官污吏，便已老朽昏庸，不是眷怀胜国的恩宠，北迁沙漠③，便是厌恶新朝的暴发户派头，恐惧新朝的屠杀侮辱，遁迹江湖，埋名市井。④尽管新朝用尽了心机，软说硬拉，要凑齐这个大班子，人数还差得太远。

第二想到的是元朝的吏，元朝是以吏治国的。从元世祖以后，甚至执政大臣也用吏来充当，造成风气。[41]朱元璋深知法令愈繁冗，条格愈详备，一般人不会办，甚至不能懂，吏就愈方便舞文弄弊，闹成吏治代替了官治，代替了君治，这是万万要不得的。[42]

第三只好起用没有做过官的读书人了。读书人当然想做官，可是也有顾忌，顾忌的是失身份："海岱初云扰，荆蛮遂土崩。王公甘久辱，奴仆尽同升。"[43]和奴仆同升也许还不太要紧，要紧的是这个政权还不太巩固，对内未统一，对外，北边蒙古还保有强大力量。顾忌的是这个政权是淮帮，大官位都给淮人占完了，"两河兵合尽红巾，岂有桃源可避秦？马上短衣多楚客，城中高髻半淮人"[44]。更顾忌的是恐怖的屠杀凌辱，做官一有差跌，不是枭示种诛，便是戴斩罪镣足办事，"以鞭笞捶楚为寻常之辱，以屯田工役为必获之罪"[45]。不是不得已，又谁敢做官？

第四是任用地主做官，称为荐举。有富户、耆民、孝弟力田、税户人才（纳粮最多的大地主）等名目。有一出来便做朝廷和地方的大官的，最多的一次到过三千七百多人。[46]可是，还不够用，而且，这些地主官僚的作风，也不完全适合新朝统治的需要。

旧的人才不够用，只好想法培养新的了。朱元璋决心用自己的方法，新造一个轮子——国子监，来训练大量的新官僚。

国子监的教职员，从祭酒（校长）、司业、博士、助教、学正到监丞，都是朝廷命官，任免都出于吏部，国子监官到监是上任做官，学校是学校官的衙门。政治和教育一体，官僚和师儒一体。祭酒虽然是衙门首长，"严立规矩，表率属官"，但是，并无聘任教员之权，因为一切教职员都是部派的。监丞品位虽低，却参领监事，凡教官怠于师训，生员有戾规矩，课业不精，并从纠举。不但管学生规矩课业，还兼管教员教课成绩。办公处叫绳愆厅，特备有行扑红凳两条，拨有直厅皂隶两名，"扑作教刑"，刑具是竹篦，皂隶是行刑人，红凳是让学生伏着挨打的。照规定，监丞立集愆册一本，各堂生员敢有不遵学规，即便究治。初犯记录（记过），再犯决竹篦五下，三犯决竹篦十下，四犯发遣安置（开除、充军、罚充吏役）。监丞对学生，不但有处罚权，而且有执行刑讯之权，学校、法庭、刑场合而为一。当然，判决和执行都是片面的，学生绝对没有辩解申说和要求上诉的权利。㊼膳夫由朝廷拨死囚充役，如三遍不听使令，即处斩刑，学校又变作死囚的苦工场了。㊽

学校的教职员全是官，学生呢？来源有两类，一类是官生，一类是民生。官生又分两等，一等是品官子弟，一等是外夷子弟（包括日本、琉球、暹罗和西南土司子弟）。官生是由皇帝指派分发的，民生是由各地地方官保送府、州、县学的生员。㊾原来立学的目的，是为了训练官生如何去执行统治，名额是一百名，民生只占五十名。㊿可是后来官生入学的日少，民生依法保送的日多，以洪武二十六年（1393）的在学人数为例，总数八千一百二十四名，里面官生只有四名，国子监已经失去原来的用意，成为广泛训练民生做官的机构了。

功课内容分《御制大诰》、《大明律令》、《四书五经》、刘向《说苑》等书。(51)最重要的是《大诰》。《大诰》是朱元璋自己写的，有《续编》、《三编》、《大诰武臣》，一共四册。主要的内容是列举所杀官民罪状，使官民知所警戒，和教人民守本分，纳田租，出夫役，老老实实替朝廷当差的训话。洪武十九年以《大诰》颁赐监生，二十四年令"今后科举岁贡生员，俱以《大诰》出题试之"。礼部行文国子监正官，严督诸生熟读讲解，以资录用，有不遵者，以违制论。(52)违制是违抗圣旨的法律术语，这罪名是非同小可的。至于《大明律令》，因为学生的出路是做官，当然是必读书。《四书五经》是儒家的经典，治国平天下的大道理都在里面，孔子的思想是没有问题的，尊王正名，君君臣臣父父子子这一大套，最合帝王的脾胃，所以朱元璋面谕国子博士："一以孔子所定经书诲诸生。"(53)可是，《孟子》就不同了，洪武三年，他开始读这本书，读到好些对君上不客气的地方，大发脾气，对人说："这老头要是活到今天，非严办不可！"下令国子监撤去孔庙中的孟子牌位，把孟子逐出孔庙。后来虽然迫于舆论，恢复孟子配享，对于这部书还是认为有反动毒素，得经过严密检查。洪武二十七年（1394）特别敕命组织一个《孟子》审查委员会，执行检删职务的，是当时的老儒刘三吾，把《尽心篇》的"民为贵，社稷次之，君为轻"，《梁惠王篇》"国人皆曰贤，国人皆曰可杀"一章，"时日曷丧，予及汝偕亡！"和《离娄篇》"桀纣之失天下也，失其民也。失其民者，失其心也"

一章，《万章篇》"天与贤则与贤"一章，"天视自我民视，天听自我民听"，"君有大过则谏，反覆之而不听，则易位"，以及类似的"闻诛一夫纣矣，未闻弑君也"，"君之视臣如草芥，则臣视君如寇仇"，一共八十五条，以为这些话，不合"名教"，太刺激了，全给删节掉了。只剩下一百七十几条，刻板颁行全国学校。这部经过凌迟碎割的书，叫作《孟子节文》。所删掉的一部分，"课士不以命题，科举不以取士"⑭。至于《说苑》，是因为"多载前言往行，善善恶恶，照然于方册之间，深有劝戒"，是作为修身或公民课本被指定的。此外，也消极地指定一些不许诵读的书，例如"苏秦、张仪，由战国尚诈，故得行其术，宜戒勿读"⑮。由此可见学校功课的项目，内容的去取，必读书和禁读书，学校教官是无权说话的，一切都由皇帝御定。有时高兴，他还出题目"圣制策问"来考问学生呢！

学生日课，规定每日写字一幅，每三日背《大诰》一百字，本经一百字，四书一百字，每月作文六篇，违者都是痛决（打）。低年级生只通《四书》的，入正义、崇志、广业三堂，中等文理条畅的升入修道、诚心二堂，在学满七百天，经史兼通的入率性堂。率性堂生一年内考试满八分的与出身（做官）。⑯。

监生的制服叫襕衫，也是御定的。膳食全公费，阖校会馔。有家眷的特许带家眷入学，每月支食粮六斗。监生和教员请假或回家，都要经皇帝特许。⑰

管制学校的监规，是钦定的，极为严厉。前后增订一共有五十六款，学生对课业有疑问，必须跪听，绝对禁止对人对事的批评和团结组织，甚至班与班之间也禁止来往，以及不许议论饮食美恶，不许穿常人衣服。有事先于本堂教官处通知，毋得径行烦索。凡遇出入，务要有出恭入敬牌。无病称病，出外游荡，会食喧哗，点闸（名）不到，号房（宿舍）私借他人住坐，酣歌夜饮等二十七款，下文都是违者痛决。最最严重的一款是"敢有毁辱师长，及主事告讦者，即系干名犯义，有伤风化，定将犯人杖一百，发云南地面充军"⑱。朱元璋寄托培养官僚的全部责任于国子监，这一条的法意就是授权监官，用刑法清除所有不服从和敢于抗议的监生。毁辱师长的含义是非常广泛的，无论是语言、文字、行动、思想上的不同意，以至批评，都可任意解释。至于生事告讦，更可随便应用，凡是不遵从监规的，不满意现状的，要求对教学及生活有所改进的，都可以援用这条款片面判决之，执行之。国子监第一任祭酒宋讷是这条监规的起草人，极意严酷，在他的任内，监生走投无路，经常有人被强制饿死，被迫缢死，祭酒连尸首也不肯放过，一定要当面验明，才许收殓。⑤后来他的儿子宋复祖当司业，也学父亲的办法，"诚诸生守讷学规，违者罪至死"⑥。学录金文征反对宋讷的过分残暴，想法子救学生，向皇帝控诉说："祭酒办学太严，监生饿死了不少人。"朱元璋不理会，说是祭酒只管大纲，监生饿死，罪坐亲教之师，文征又设法和同乡吏部尚书余熪商量，由吏部出文书令宋讷以年老退休，这年宋讷七十五岁，照规定是该告老的，不料宋讷在辞别皇帝时，说出并非真心要辞官，朱元璋大怒，追问缘由，立刻把余熪、金文征和一些关联的教官都杀了，还把罪状榜示在监前，也写在《大诰》里头。这次反迫害的学潮，在一场屠杀后被压平。⑥

洪武二十七年第二次学潮又起，监生赵麟受不了虐待，出壁报提出抗议，照监规是杖一百充军，为了杀一儆百，朱元璋法外用刑，把赵麟杀了，并且在监前立一长竿，枭首示众（这在朱元璋的口语叫枭令，比处死重一等）。二十八年又颁行《赵麟诽谤册》和《惊愚辅教二录》于国子监，到三十年七月二十三日，又召集祭酒和本监教官监生一千八百二十六员名，在奉天门当面训话整顿学风，他说：

> 恁学生每听着：先前那宋讷做祭酒呵，学规好生严肃，秀才每循规蹈矩，都肯向学，所以教出来的个个中用，朝廷好生得人，后来他善终了，以礼送他回乡安葬，沿路上着有司官祭他。

> 近年着那老秀才每做祭酒呵，他每都怀着异心，不肯教诲，把宋讷的学规都改坏了，所以生徒全不务学，用着他呵，好生坏事。

> 如今着那年纪小的秀才官人每来署学事，他定的学规，恁每当依着行。敢有抗拒不服，撒泼皮，违犯学规的，若祭酒来奏着恁呵，都不饶，全家发向武烟瘴地面去，或充军，或充吏，或做首领官。

> 今后学规严紧，若无籍之徒，敢有似前贴没头帖子诽谤师长的，许诸人出首，或绑缚将来，赏大银两个。若先前贴了票子，有知道的，或出首，或绑缚将来呵，也一般赏他大银两个。将那犯人凌迟了，枭令在监

前，全家抄没，人口迁发烟瘴地面。钦此！[62]

和统制监生一样，国子监的教官也是在严刑重罚的约束之下的。以祭酒为例，三十多年来的历任祭酒，只有以残酷著名的宋讷是善终在任上，死后的恩礼也特别隆重，可以说是例外，其他的不是得罪放逐，便是被杀。[63]

痛决、充军、罚充吏役、枷镣终身、饿死、自缢死、枭首示众、凌迟，一大串刑罚名词，明初的国子监与其说是学校，不如更合适地说是监狱，是刑场。不止是学生，也包括教官在内，在受死亡所威胁的训练，造成绝对服从的、无思想的、奴性的官僚。

从洪武二年到三十一年这一时期监生任官的情形来看，第一，监生并没有一定的任官资序，最高的有做到地方大吏从二品的布政使，最低的做正九品的县主簿，以至无品级的教谕。第二，监生也没有固定的任官性质，朝廷的部院官、监察官，地方最高民政财政官、司法官，以至无所不管亲民的府、州、县官和学校官。监生万能，几乎无官不可做。第三，除做官以外，在学的监生，有奉命出使的，有奉命巡行列郡的，有稽核百司案牍的，有到地方督修水利的，有执行丈量、记录土地面积、定粮的任务的，有清查黄册的（每年一千二百人），有写本的，有在各衙门办事的，有在各衙门历事的（实习），几乎无事不能做。第四，三十年来监生的任官，以洪武二年和二十六年为最高（洪武二年擢监生为行省左右参政，各道按察司金事，及知府等官。二十六年以监生六十四人为行省布政、按察两使及参政、参议、副使、金事等官），十九年为最多（命祭酒司业择监生千余人送吏部，除授知州、知县等职）。"故其时布列中外者，太学生最盛。"[64]大体说来，从十五年以后，监生的出路，已渐渐不如初年，从做官转到做事，朝廷利用大批监生做履亩定粮、督修水利、清查黄册等基层技术工作。至于为什么洪武二年和二十六年，大量利用监生做高官呢？理由是，第一，刚开国人才不够，如上文所说过的，没有别的人可用，只能以受过训练的监生出任高官。第二，洪武二十六年二月蓝玉被杀，牵连致死的文武官僚、地方大吏为数极多，许多衙门都缺正官，监生因之大走官运。至于为什么洪武十九年监生任官的竟有千余人之多呢？那是因为上年闹郭桓贪污案，供词牵连到直省官吏，因而系死者有几万人，下级官吏缺得太多的缘故。至于为什么从洪武十五年以后，监生做官的出路一天不如一天呢？那是因为从十五年以后，会试定期举行，每三年一次，进士在发榜后即刻任官，要做官的都从进士科出身，甚至监生也多从进士科得官，官僚从科举制度里出来，国子监失去了培养官僚的独占地位。进士释褐授官，这些官原来都是监生的饭碗，进士日重，监生日轻，只好去做基层技术工作和到诸司去历事了。

地方的府州县学和国子监一样，生员都是供给廪膳（公费）的，从监生到生员都享有免役权，法律规定"免其家差徭二丁"。

洪武十二年颁发禁例十二条于全国学校，镌立卧碑，置于明伦堂之左，不遵者以违制论。禁例中最重要的是："生员家若非大事，毋轻至于公门。""生员父母欲行非为，则当再三恳告。"前一条不许生员交结地方官，后一条要使生员为皇家服务，替朝廷消弭"非为"。另一条"军民一切利病，并不许生员建言。果有一切军民利病之事，许当该有司，在野贤才，有志壮士，质朴农夫，商贾技艺，皆可言之，诸人毋得阻当，唯生员不许！"⑥重复地说"不许生员建言"，"唯生员不许"，为什么单单剥夺了生员讨论政治的权利呢？因为他害怕群众，害怕组织，尤其害怕有群众基础有组织能力的知识分子，这个有号召力量的学生群，他是认清楚了他们的力量的。

地方学校之外，洪武八年又诏地方立社学——乡村小学。

府州县学和社学都以《御制大诰》和律令作主要必修科。

在官僚政治之下，地方学校只存形式，学生不在学，师儒不讲论。社学且成为官吏迫害剥削人民的手段，"有愿读书无钱者不许入学，有三丁四丁不愿读书者，受财卖放，纵其愚顽，不令读书。有父子二人，或农或商，本无读书之暇，却乃逼令入学。有钱者又纵之，无钱者虽不暇读书，又不肯放，将此凑生员之数，欺诳朝廷"⑥。朱元璋虽然要导民为善，却对官僚政治无办法，叹一口气，只好把社学停办，省得"逼坏良民不暇读书之家"⑦。

除国子监以外，政府官吏的来源是科举制度。国子监生可以不由科举，直接任官，而从科举出身的人则必须是学校的生员。府、州、县学的生员（俗称秀才）每三年在省城会考一次，称为乡试，及格的为举人。各布政司举人的名额是一定的，除直隶（今江苏、安徽）百人最多，广东、广西二十五人最少，其他九布政司都是四十人。第二年全国举人会考于京师，称为会试，会试及格的再经一次复试，地点在殿廷，叫作廷试，亦称殿试。这复试是形式上的，主要意义是让皇帝自己来主持这抡才大典，选拔之权出于一人，及格的是天子门生，自然应该死心塌地替皇家服务，发榜分一二三甲（等），一甲只有三人，状元、榜眼、探花，赐进士及第。二甲若干人，赐进士出身。三甲若干人，赐同进士出身。状元、榜眼、探花的名号是御定的，民间又称乡试第一名为解元，会试第一名为会元，二三甲第一名为传胪。乡试由布政使司，会试由礼部主持。状元授翰林院修撰，榜眼、探花授编修，二三甲考选庶吉士的都为翰林官，其他或投给事、御史、主事、中书、行人、评事、太常、国子博士，或授府推官、知州、知县等官。举人、贡生会试不及格，改入国子监，也可选做小京官，或做府佐和州县正官，以及学校教官。

科举各级考试，专用《四书五经》来出题目，文体略仿宋经义，但要用古人口气说话，只能根据几家指定的注疏发挥，绝对不许有自己的见解。体裁排偶，叫作八股，也称制义。这制度是朱元璋和刘基商量决定的。十五年以后，定制子午卯酉年乡试，辰戌丑未年会试，乡试在八月，会试在二月。每试分三场，初场四书义三道，经义四道。二场试论一道，判一道，诏诰表内科（选）一道。三场试经史时务策五道。[68]

学校和科举并行，学校是科举的阶梯，科举是学生的出路。学生通过科举便做官，不但忘了学校，也忘了书本，于是科举日重，学校日轻。学校和科举都是制造和选拔官僚的制度，所学习和考试的范围完全一样，都是《四书五经》，不但远离现实，也绝不许接触到现实。诚如当时人宋濂所说："自贡举法行，学者知以摘经拟题为志，其所最切者唯四子一经之笺，是钻是窥，余则漫不加省。与之交谈，两目瞪然视，舌木强不能对。"[69]学校呢？"稍励廉隅者不愿入学，而学行章句有闻者，未必尽出于弟子员。"[70]到后来甚至弄到"生徒无复在学肄业，入其庭不见其人，如废寺然"[71]。科举人才不读书，不知时事，学校没有学生，加上残酷的统制管理，严格的检查防范，学校生员除了尊君和盲从古人之外，不许有新的思想、言论。于是整个学术文化界、思想界、政治界，从童生到当国执政，都向往三王，服膺儒术，都以为"天王圣明，臣罪当诛"，挨了打是"恩谴"，被斫头是"赐死"，挨了骂不消说有资格才能挨得着，天下无不是的父母，更不会有不是的皇帝，君权由此巩固，朱家万世一系的统治也安如泰山了。

四、皇权的轮子——军队

皇权的一个轮子是军队。

朱元璋在攻克集庆以后，就厉行屯田政策，广积粮食，供给军需。他和刘基研究古代的兵制，征兵制的好处是全国皆兵，有事召集，事定归农，兵员素质好，来路清楚，政府在平时无养兵之费。坏处是兵员都出自农村，如有长期战争，便影响到农村的生产。而且兵源有限制，不适合于大规模的作战。募兵制呢？好处是应募的多为无业游民，当兵是职业，数量和服役的时间，都可以不受农业生产的限制。坏处是政府经常要维持大量数目的常备军，军费负担太重。而且募的兵来路不明，没有宗族乡党的挂累，容易逃亡，也容易叛变。理想的办法是折衷于两者之间，有两者的好处，而避免个别的坏处，主要的原则，是要使战斗力量和生产力量一致。

刘基创立的办法是卫所制度。^⑦

卫所的兵源有四种，一种是从征，即起事时所统的部队，也就是郭子兴的基本队伍。一种是归附，包括削平群雄所得的部队和元朝的投降军。一种是谪发，指因犯罪被谪发充军的，也叫作恩军。一种叫垛集，即征兵，照人口比例，一家有五丁或三丁出一丁为军。前两种是定制时原有的武力，后两者则是补充的武力。这四种来源的军人都是世袭的，为了保障固定员额的维持，规定军人必须娶妻，世代继承下去，如无子孙继承，则由其原籍家属壮丁顶补，种族绵延的原则，被应用到武装部队里来，兵营成为武装的家庭群了。^⑦

军有特殊的社会身份，单独有军籍。在明代户口中，军籍和民籍、匠籍平行，军籍属于都督府，民籍属于户部，匠籍属于工部。军不受普通行政官吏的管辖，在身份上、法律上和经济上的地位，都和民不同，军和民是截然地分开的。民户有一丁被垛为军，政府优免他原籍老家一丁差徭，作为优恤。军士到戍所时，由宗族替他治装。在卫的军士除本身为正军外，其子弟称为余丁或军余，将校的子弟则称为舍人。日常生活概由政府就屯粮支给，按月发米，称为月粮，马军月支米二石，步军总旗一石五斗，小旗一石二斗，步军一石（守城的照数支给，屯田的半支）。恩军家四口以上一石，三口以下六斗，无家口的四斗。衣服岁给冬衣、棉布、棉花，夏衣、夏布，在出征时则例给胖袄、鞋裤。⑭

军队组织分作卫、所两级，大体上以五千六百人为卫，卫有指挥使。卫分五千户所，所一千一百二十人，有千户。千户所分十百户所，所百十二人，有百户。百户有总旗二，小旗十，总旗领小旗五，小旗领军十人。大小联比以成军。卫所的分布，根据地理险要，小据点设所，关联几个据点的设卫。集合一个军区的若干卫所，又设都指挥使司，作为军区的最高军事机构，长官是都指挥使。洪武二十五年（1392）全国共有十七个都指挥使司，内外卫三百二十九，守御千户所六十五，首都和地方的兵力分配如下：

	武官（员）	军士（人）	马匹
在京	2747	206280	4751
在外	13742	992154	40329⑮

这十七个都指挥使司又分别隶属于五军都督府。

军食出于屯田，大略是学汉朝赵充国的办法，在边塞开屯，一部分军士守御，一部分军士受田耕种。目的在省去运输费用和充裕军食，减轻国库的负担，使战斗力和生产力一致。跟着内地卫所也先后开屯耕种，以每军受田五十亩作一分，官给耕牛、农具，开头几年是免纳田租的，到成为熟地后，每亩收税一斗，规定边地守军十分之三守城，七分屯种，内地是二分守城，八分屯种，希望能达到自足自给的地步。⑯

军队里也和官僚机构一样，清廉的武官是极少见的，军士经常被苛敛剥削，朱元璋曾经愤恨地指出：

> 那小军每一个月只关得一担儿仓米，若是丈夫每不在家里，他妇人家自去关呵，除了几升做脚钱，那害人的仓官又斛面上打减了几升。待到家里籴（音伐）过来呵，止有七八斗儿米，他全家儿大大小小要饭吃，要衣裳穿，他哪里再得闲钱与人？⑰

正军本人的衣着虽由官家支给，家属的却得自己制备，一石米在人口多的家庭，连吃饭也还不够，如何还能孝敬上官，如何还能添制衣服？军士活不了，只好逃亡，只好兼营副业，做苦力、做买卖全来，军营就空了，军队的士气、战斗力也就差了。

除军屯外，还有商屯。边军粮食发生困难时，政府就用开中法来接济。开中法是把运输费用转嫁给商人。政府有粮食有盐，困难的是运输费用过大，商人有资本也有人力，却无法得到为政府所专利的盐，开中法让商人运一定数量的粮食到边境，拿到收据，就可以向政府领到等价的盐，自由贩卖，从而获取重利。商人会打算盘，索性雇人在边上开屯，就地缴粮，省去几倍的运费。[⑱]在这一交换过程中，不但边防充实了，政府省运费，省事，商人也发了财，皆大欢喜。而且，边界荒地开垦了，不但增加了政府的财富，也造成了地方的繁荣。

军权分作两部分，统军权归五军都督府，军令权则属于兵部。武人带兵作战，文人发令决策。在平时卫所军各在屯地操练、屯田，战时动员令一下，各地卫军集合成军，临时指派都督府官充任将军总兵官，统带出征。战事结束，立刻复员，卫军务回原卫，将军交回将印，也回原任。将不专军，军无私将，上下阶级分明，纪律划一。唐宋以来的悍将跋扈、骄兵叛变的弊端，在这制度下是完全根绝了。

朱元璋对军官军士是用十二分的注意来防闲的，除开在各个部队里派义子监军，派特务人员侦伺以外，洪武五年还特地降军律于各卫，禁止军官军人，不得于私下或明白接受公侯所与信宝、金银、段匹、衣服、粮米、钱物，及非出征时，不得于公侯之家门首侍立。其公侯非奉特旨，不得私自呼唤军人役使，违者公侯三犯准免死一次，军官、军人三犯发海南充军。[⑲]后来更进一步，名义上以公侯伯功臣有大功，赐卒一百十二人作卫队，设百户一人统率，颁有铁册，说明"俟其寿考，子孙得袭，则兵皆入卫"。称为奴军，亦称铁册军。事实上是防功臣有二心，特设铁册军来监视的。功臣行动，随时随地都有报告，证人是现成的，跟着是一连串的告密案和大规模的功臣屠杀。[⑳]

在作战时，虽然派有大将军指挥大军，指挥战争进行的还是朱元璋自己，用情报、用军事经验来决定前方的攻战，甚至指挥到极琐细的军务。即使最亲信的将领像徐达、李文忠，也是如此。例如吴元年（1367）四月十八日给徐达的手令，在处分军事正文之后，又说："我的见识只是如此，你每（们）见得高处、强处、便当处，随着你每意见行着，休执着我的言语，恐怕见不到处，教你每难行事。"洪武三年四月："说与大将军知道……这是我家中坐着说的，未知军中便也不便，怎只拣军中便当处便行。"给李文忠的手令："说与保儿老儿……我虽这般说，计量中不如在军中多知备细，随机应变的勾当。你也斯活落些儿也，哪里直到我都料定！"大体上指导的原则是不能更动的，统师所有的只是极细微的修正权。

对待俘虏的方针是屠杀，如龙凤十一年十一月初五日的令旨："吴王亲笔，差内使朱明前往军中，说与大将军左相国徐达、副将军平章常遇春知会：十一月初四日捷音至京城，知军中获寇军及首目人等六万余众，然而俘获甚众，难为囚禁，今差人前去，教你每军中，将张（士诚）军精锐勇猛的留一二万，若系不堪任用之徒，就军中暗地去除了当，不必解来。但是大头目，一名名解来。"十二年三月且严厉责备徐达不多杀人："吴王令旨，说与总兵官徐达，攻破高邮之时，城中杀死小军数多，头目不曾杀一名。今军到淮安，若系便降，系是泗州头目青幡黄旗招诱之力，不是你的功劳。如是三月已里，淮安未下，你不杀人的缘故，自说将来！依奉施行者。"吴元年十月二十四日因为俘虏越狱逃跑，又下令军前："今后就近获到寇军及首目人等，不须解来，就于军中典刑。"洪武三年四月："说与大将军知道：止是就阵得的人，及阵败来降的王保保头目，都休留他一个，也杀了。止留小军儿，就将去打西蜀了后，就留些守西蜀便了。"则不但俘虏，连投降的头目也一概残杀了。

有一道令旨是关于整饬军纪的，说明了这一举措的军事理由。时间是龙凤十二年三月："（张军）男子之妻多在高邮被掳，总兵官为甚不肯给亲完聚发来？这个比杀人哪个重？当城破之日，将头目军人一概杀了，倒无可论。掳了妻子，发将精汉来，我这里陪了衣粮，又费关防，养不住。杀了男儿，掳了妻小，敌人知道，岂不抗拒？星夜教冯副使（胜）去军前，但有指挥、千户、百户及总兵官的伴当，掳了妇女的，割将首级来。总兵官的罪过，回来时与他说话。依奉施行者。"⑩男子指的是张士诚的部队，被掳是指的被朱元璋自己的部队所掳。把俘虏的妻女抢了，送俘虏来，养不住，白赔粮食，白费事看守。

掳了妇女，杀了俘虏，敌人知道了，当然会顽强抵抗。为了这个道理，朱元璋只好派特使去整顿军风纪了。

五、皇权的轮子——新官僚机构

由于历史包袱的继承，皇权的逐步提高，隋唐以来的官僚机构，以巩固皇权为目的的三省制度——中书省出命令，门下省掌封驳，尚书省主施行——中书官和皇帝最亲近，接触机会最多，权也最重。宋代后期，门下省不能执行审核诏令的任务，尚书省官只能平决庶务，不能与闻国政，三省事实上只是一省当权。到元代索性取消门下省，把尚书省的官属六部也归并到中书，成为一省执政的局面。地方则分设行中书省，总揽军民大政。其下有路、府、州、县，管理军民。

三省制的形成有它的历史背景和原因，就这制度本身而论，把政权分作三份，一个专管决策，一个负责执行，而又另有一个纠核的机构，驳正违误，防止皇权的滥用和官僚的缺失，对巩固皇权，维持现状的意义上说，是很有用的。可是，在事实上，官僚政治本身破坏了、瘫痪了这个官僚机构，皇权和相权的冲突，更有目的地摧毁了这个官僚机构。

官僚政治特征之一是做官不做事，重床叠屋，衙门愈多，事情愈办不好，拿薪水的官僚愈多，负责做事的人愈少。例如从唐以来，往往因事设官；尚书都省原有户部，专管户口财政，在国计困难时，政府要张罗财帛，供应军需，大张旗鼓，特设盐铁使、户部使、租庸使、国计使等官，由宰相或大臣兼任，意思是要提高搜刮的效率，可是这样一来，户部位低权轻，职守都为诸使所夺，便变成闲曹了。兵部专管军政，从五代设了枢密使以后，兵部又无事可做了。礼部专掌礼仪，宋代却又另有礼院。几套性质相同的衙门，新创的抢了旧衙门的职司，本衙门的官照例做和本衙门不相干的事，或者索性不做事。千头万绪，名实不符，十个官僚有九个不知道自己的职司。冗官日多，要官更多，行政效率也就日益低落。[②]到元代又添上蒙古的部族政治机构，衙门越发多，越发庞大，混乱复杂，臃肿不灵，瘫痪的病象在在显露了。

而且就官僚的服务名义说，也有官、职、差遣之分，官是表明等级、分别薪俸的标识，职以待文学侍从之臣，只有差遣是"治内外之事"的。皇家的赏功酬庸，又有阶、勋、爵、食邑、功臣号等名目。以差遣而论，又有行、守、试、判、知、权知、权发遣的不同。其实除差遣以外，其他都是不大相干的。⑧

皇权和相权的矛盾，例如宋太宗讨厌中书的政权太重，分中书吏房置审官院，刑房置审刑院⑭，为了分权而添置衙门，其实是夺相权归之于皇帝。皇帝的诏令照规矩是必须经过中书门下，才算合法，所谓"不经凤阁鸾台，何名为敕？"⑮用意是防止皇权的滥用，但是，这规矩只是官僚集团的规矩，官僚的任免生杀之权在皇帝，升沉荣辱甚至诛废的利害超过了制度的坚持，私人的利害超过了集团的利害，唐武后以来的墨敕斜封（手令），也就破坏了这个官僚制度，摧毁了相权，走上了独裁的道路。

朱元璋继承历代皇权走向独裁的趋势，对官僚机构大加改革，使之更得心应手地为皇家服务。

元代的行中书省是从中书省分出去的，职权太重，到后期鞭长莫及，几乎没有法子控制了。朱元璋要造成绝对的中央集权，洪武九年（1376）改行中书省为承宣布政使司，设左右布政使各一人，掌一区的政令。布政使是朝廷派驻地方的代表、使臣，禀承朝廷，宣扬政令。全国分浙江、江西、福建、北平、广西、四川、山东、广东、河南、陕西、湖广、山西十二布政使司，十五年增置云南布政使司。⑯布政使司的分区，大体上继承元朝的行省，市政使的职权却只掌民政、财政，和元朝行中书省的无所不统，轻重大不相同了。而且就地位论，行省是以都省的机构分设于地方，布政使则是朝廷派驻的使臣，前者是中央分权于地方，后者是地方集权于中央，意义也完全不同。此外，地方掌管司法行政的另有提刑按察使司，长官为按察使，主管一区刑名、按察之事。布、按二司和掌军政的都指挥使司合称三司，是朝廷派遣到地方的三个特派员衙门，民政、司法、军政三种治权分别独立，直接由朝廷指挥，为的是便于控制，便于统治。布政司之下，真正的地方政府分两级，第一级是府，长官为知府；有直隶州，即直隶于布政使司的州，长官是知州。第二级是县，长官是知县；有州，长官是知州，州县是直接临民的政治单位。⑰

中央统治机构的改革，稍晚于地方。洪武十三年（1380）胡惟庸案发后,⑱废中书省,仿周官六卿之制,提高六部的地位;吏、户、礼、兵、刑、工,每部设尚书一人,侍郎(分左右)二人。吏部掌全国官吏选授、封勋、考课,甄别人才。户部掌户口、田赋、商税。礼部掌礼仪、祭祀、僧道、宴飨、教育及贡举(考试)和外交。兵部掌卫所官军选授、简练和军令。刑部掌刑名。工部掌工程造作(武器、货币等)、水利、交通。都直接对皇帝负责,奉行政令。

统军机关则改枢密院为大都督府,节制中外诸军。洪武十三年分大都督府为中、左、右、前、后五军都督府,每府以左右都督为长官,各领所属都司卫所,和兵部互相表里。都督府长官虽管军籍、军政,却不直接统带军队,在有战事时,才奉令出为将军总兵官,指挥作战。战争结束,便得交还将印,回原职办事。⑲

监察机关原来是御史台,洪武十五年改为都察院,长官是左右都御史,下有监察御史百十人,分掌十二道(按照布政使司政区分道)。职权是纠劾百司,辨明冤枉,凡大臣奸邪,小人构党作威福乱政,百官猥茸、贪污、舞弊,学术不正和变乱祖宗制度的,都可随时举发弹劾。这衙门的官被皇帝看作是耳目,替皇帝听,替皇帝看,有对皇权不利的随时报告。也被皇帝看作是鹰犬,替皇帝追踪,搏击一切不忠于皇帝的官民,是替皇帝监视官僚的衙门,是替皇帝检举反动思想、保持传统纲纪的衙门。监察御史在朝监视各个不同的官僚机构,派到地方的,有巡按、清军、提督学校、巡监、茶马、监军等职务,就中巡按御史算是代皇帝巡狩,按临所部,大事奏裁,小事立断,是最威武的一个差使。

行政、军事、监察三种治权分别独立,由皇帝亲身总其成。官吏内外互用,其地位以品级规定,从九品到正一品,九品十八级,官和品一致,升迁调用都有一定的法度。百官分治,个别对皇帝负责。系统分明,职权清楚,法令详密,组织严紧。而在整套统治机构中,互相钳制,以监察官来监视一切臣僚,以特务组织来镇压威制一切官民,都督府管军不管民,六部管民不管军,大将在平时不指挥军队,动员复员之权属于兵部,供给粮秣的是户部,提供武器的是工部,决定战略的是皇帝。六部分别负责,决定政策的是皇帝。在过去,政事由三省分别处理,取决于皇帝,皇帝是帝国的首领。可是在这新统治机构下，六部府院直接隶属于皇帝，皇帝不但是帝国的首领，而且是这统治机构的负责人和执行人，历史上的君权和相权到此合一了，皇帝兼理宰相的职务，皇权由之达于极峰。⑨

历史的教训使朱元璋深切地明白宦官和外戚对于政治的祸害。他以为汉朝、唐朝的祸乱，都是宦官作的孽，这种人在宫廷里是少不了的，可是只能做奴隶使唤，洒扫奔走，人数不可过多，也不可用做耳目心腹；做耳目，耳目坏，做心腹，心腹病。对付的办法，要使之守法，守法自然不会做坏事，不要让他们有功劳，一有功劳就难于管束了。订下规矩，凡是内臣都不许读书识字，又铸铁牌立在宫门，上面刻着："内臣不得干预政事，犯者斩。"又规定内臣不许兼外朝的文武官衔，不许穿外朝官员的服装，做内廷官不能过四品，每月领一石米，穿衣吃饭官家管。并且，外朝各衙门不许和内官监有公文往来。这几条规定针对着历史上所曾发生的弊端，使内侍名符其实地做宫廷的仆役。⑩对外戚干政的对策，是不许后妃干政，洪武元年三月即命儒臣修《女诫》，纂集古代贤德妇女和后妃的故事，刊刻成书，来教育宫人，要她们学样。又立下规程，皇后只能管宫中嫔妇的事，宫门之外不得干预。宫人不许和外间通信，犯者处死，断绝外朝和内廷的来往以至通信，使之和政治隔离。外朝臣僚命妇按例于每月初一、十五朝见皇后，其他时间，没有特殊缘由，不许进宫。皇帝不接见外朝命妇，皇族婚姻选配良家子女，有私进女口的不许接受。元璋的母族和妻族都绝后，没有外家，后代帝王也都遵守祖训，后妃必选自民家。外戚只是高爵厚禄，做大地主，住大房子，绝对不许预闻政事。⑫在洪武一朝三十多年中，内臣小心守法，宫廷和外朝隔绝，和前代相比，算是家法最严的了。

其次，元代以吏治国，法令极繁冗，档案堆成山。吏就从中舞弊，无法根究。而且，正因为公文条例过于琐细，不费一两年功夫，无从通晓，办公文、办公事成为专门技术，掌印正官弄不清楚，只好由吏做主张，结果治国治民的都是吏，不是官，小吏们唯利是图，毫不顾到全盘局面，政治（其实是吏治）自然愈闹愈坏。远在吴元年，朱元璋便已注意到法令和吏治的关系，指令台省官立法要简要严，选用深通法律的学者编定律令，经过缜密的商订，去烦减重，花了三十年功夫，更改删定了四五次，编成《大明律》，条例简于《唐律》，精神严于《宋律》，是中国法律史上极重要的一部法典。又为简化公文起见，于洪武十二年立案牍减烦式颁示各衙门，使公文明白好懂，文吏无法舞弊弄权。从此吏员在政治上被斥为杂流，不能做官。官和吏完全分开，官主行政，吏主事务，和元代的情形完全不同了。㊿

和吏文相关的是文章的格式。唐宋以来的政府文字，从上而下的制诰，从下达上的表奏，照习惯是骈骊四六文，尽管有多少人主张复古，提倡改革，所谓古文运动，在民间是成功了，政府却仍然用老套头，同一时代用的是两种文字，庙堂是骈偶文，民间是古文。朱元璋很不以为然，他以为古人做文章，讲道理，说世务，经典上的话，都明白好懂，像诸葛亮的《出师表》，又何尝雕琢、立意写文章？可是有感情，有血有肉，到如今读了还使人感动，怀想他的忠义。近来的文士，文字虽然艰深，用意却很浅近，即使写得和司马相如、扬雄一样好，别人不懂，又中什么用？以此他要秘书——翰林——作文字，只要说明白道理，讲得通世务就行，不许用浮辞藻饰。㊽到洪武六年，又下令禁止对偶四六文辞，选唐柳宗元《代柳公绰谢表》和韩愈《贺雨表》作为笺表法式。㊾这一改革不但使政府文字简单、明白，把庙堂和民间打通，现代人写现代文，就文学的影响说，也可以说很大，韩愈、柳宗元以后，他是提倡古文最有成绩的一个人。他自己所做的文章，写得不好，有时不通顺，倒容易懂。信札多用口语，比文章好得多，想来是受蒙古白话圣旨的影响，也许是没有念过什么书，中旧式文体的毒比较轻的缘故吧？

唐、宋两代还有一样坏风气，朝廷任官令发表以后，被任用的官照例要辞官，上辞官表，一辞再辞甚至辞让到六七次，皇帝也照例拒绝，下诏敦劝，一劝再劝再六次七次劝，到这人上任上谢表才算罢休。辞的不是真辞，劝的也不是真劝，大家肚子里明白，是在玩文字的把戏，误时误事，白费纸墨。朱元璋认为这种做作太无聊，也把它废止了。

六、建都和国防

自称为淮右布衣，出身于平民而做皇帝的朱元璋，在拥兵扩土、称帝建国之后，最惹他操心的问题第一是怎样建立一个有力量的政治中心，即建都，建在何处？第二是用什么方法来维持皇家万世一系的独占统治？

远在初渡江克太平时（1355），陶安便建议先取金陵，据形势以临四方。冯国用劝定都金陵，以为根本。叶兑上书请定都金陵，然后拓地江广，进则越两淮以北征，退则画长江以自守。谋臣策士一致主张定都应天，经过长期的研究以后，龙凤十二年（元至正二十六年，1366）六月，扩大应天旧城，建筑新宫于钟山之南，到次年九月完工，这是吴王时代的都城。

洪武元年称帝，北伐南征，着着胜利，到洪武二十年辽东归附，全国统一。在这二十年中，个人的地位由王而帝，所统辖的疆域由东南一角落，扩大为大明帝国，局面大不相同。吴王时代的都城是否可以适应这扩大以后的局面便大成问题。而且，元帝虽然北走沙漠，仍然是蒙古大汗，保有强大的军力，时刻有南下恢复的企图。同时沿海倭寇的侵扰，也是国防上重大的问题。以此，国都的重建和国防计划的确立，是当时朝野所最关心的两件大事。

基于自然环境的限制，从辽东到广东，沿海几千里海岸线的暴露，时时处处都有被倭寇侵掠的危险。东北和西北方面呢？长城以外便是蒙古人的势力，如不在险要处屯驻重兵，则铁骑奔驰，黄河以北便不可守。可是防边要用重兵，如把边境军权付托诸将，又怕尾大不掉，有造成藩镇跋扈的危机。如以重兵直隶中央，则国都必须扼驻国防前线，才能收统辖指挥的功效。东南是全国的经济中心，北方为了国防的安全，又必须成为全国的军事中心。国都如建设在东南，依附经济中心，则北边空虚，无法堵住蒙古人的南侵。如建立在北边，和军事中心合一，则粮食仍须靠东南供给，运输费用太大，极不经济。

帝国都城问题以外，还有帝国制度问题。是郡县制呢？还是封建制呢？就历史经验论，秦、汉、唐、宋之亡，没有强大的藩国支持藩卫，是衰亡原因之一。可是周代封建藩国，又闹得枝强干弱，威令不行。这两个制度的折衷办法是西汉初期的郡国制，一面立郡县，设官分治，集大权于朝廷，一面又置藩国，封建子弟，使为皇家捍御。把帝国建都和制度问题一起解决，设国都于东南财富之区，封子弟于北边国防据点，在经济上，在军事上，在皇家统治权的永久维持上，都圆满解决了。

明初定都应天的重要理由是经济的，第一因为江浙富庶，不但有长江三角洲的大谷仓，而且是丝织工业、盐业的中心，应天是这些物资的集散地，所谓

"财赋出于东南，而金陵为其会"[99]。第二是吴王时代所奠定的宫阙，不愿轻易放弃，且如另建都城，则又得重加一番劳费。第三从龙将相都是江淮子弟，地道南方人，不大愿意离开乡土。可是在照应北方军事的观点看，这个都城的地理地位是不大合适的。洪武元年取下汴梁后，朱元璋曾亲去视察，觉得虽然地位适中，可是无险可守，四面受敌，论形势还不如应天。[100]为了西北未定，要运饷和补充军力，不能不有一个军事上的补给基地，于是模仿古代两京之制，八月以应天为南京，开封（汴梁）为北京。次年八月陕西平定，北方全入版图，形势改变，帝都重建问题又再度提出。廷臣中有主张关中险固，金城天府之国。有人主张洛阳为全国中心，四方朝贡距离一样。也有提议开封是宋朝旧都，漕运方便。又有人指出北平（元大都）宫室完备，建都可省营造费用。七嘴八舌，引经据典。朱元璋批评这些建议都有片面的理由，只是都不适应现状。长安、洛阳、开封过去周、秦、汉、魏、唐、宋都曾建都，但就现状说，打了几十年仗，人民还未休息过来，如重新建都，供给力役都出于江南，未免过于和百姓下不去。即使是北平吧，旧宫室总得有更动，还是费事。还不如仍旧在南京，据形势之地，长江天堑，龙蟠虎踞，可以立国。次之，临濠（濠州）前长江后淮水，地势险要，运输方便，也是一个可以建都的地方。[101]就决定以临濠为中都，动工修造城池宫殿，从洪武二年九月起手，到八年四月，经刘基坚决反对，以为凤阳虽是帝乡，但就种种条件说，都不合适于建都，方才停工，放弃了建都的想头。[102]洪武十一年（1378）才改南京为京师，踌躇了十年的建都问题，到这时才决心正名定都。[103]

京师虽已奠定，但是为了防御蒙古，控制北边，朱元璋还是有迁都西北的雄心，选定的地点仍是长安和洛阳。洪武二十四年八月，特派皇太子巡视西北，比较两地的形势。太子回朝后，献陕西地图，提出意见。不料第二年四月太子薨逝，迁都大事只好暂时搁下。[104]

京师新宫原来是燕尾湖，填湖建宫，地势南面高，北边低，就堪舆家的说法是不合建造法则的。皇太子死后，老皇帝很伤心，百无聊赖中把太子之死归咎于新宫的风水不好，这年年底他亲撰《祭光禄寺灶神文》说：

　　朕经营天下数十年，事事按古有绪。唯宫城前昂后洼，形势不称。本欲迁都，今朕年老，精力已倦。又天下新定，不欲劳民。且废兴有数，只得听天。唯愿鉴朕此心，福其子孙。[109]

六十五岁的白发衰翁，失去勇气，只好求上天保佑，从此不再谈迁都的话了。

分封诸王的制度，决定于洪武二年（1369）四月初编《皇明祖训》的时候，三年四月，封皇第二子到第十子为亲王。可是诸王的就藩，却在洪武十一年定鼎京师之后。[109]从封王到就藩前后相隔九年，原因是诸子未成年，和都城未定，牵连到立国制度也不能决定。到京师奠定后，第二子秦王建国西安，三子晋王建国太原，十三年四子燕王建国北平，分王在沿长城的国防前线。十四年五子周王建国开封，六子楚王出藩武昌，十五年七子齐王建国青州，十八年潭王到长沙，鲁王在兖州，以后其他幼王逐一成年，先后就国，星罗棋布，分驻在全国各军略要地。

就军事形势而论，诸王国的建立分作第一线和第二线，或者说是前方和后方，第一线诸王的任务在防止蒙古入侵，都凭借天然险要，建立军事据点，有塞王之称。诸塞王沿长城线立国，又可分作外内二线，外线东渡榆关，跨辽东，南制朝鲜，北联开原（今辽宁开原），控扼东北诸夷，以广宁（今辽宁北镇）为中心建辽国，经渔阳（今河北蓟县）、卢龙（今河北卢龙），出喜峰口，切断蒙古南侵道路，以大宁（今热河平泉）为中心，包括今朝阳赤峰一带，建宁国。北平天险，是元朝故都，建燕国。出居庸，蔽雁门，以谷王驻宣府（察哈尔宣化），代王驻大同。逾河而西，北保宁夏，倚贺兰山，以庆王守宁夏。又西控河西走廊，扃嘉峪，护西域诸国，建肃国。从开原到瓜、沙，联成一气。内线是太原的晋国和西安的秦国。后方诸名城则开封有周王，武昌有楚王，青州有齐王，长沙有潭王，兖州有鲁王，成都有蜀王，荆州有湘王等国。[109]

诸王在其封地建立王府，设置官属，亲王的冕服车旗仅下皇帝一等，公侯大臣见王要俯首拜谒，不许钧礼。地位虽然极高极贵，却没有土地，更没有人民，不能干预民政，王府以外，便归朝廷所任命的各级官吏统治。每年有一万石的俸米和其他赏赐，唯一的特权是军权。每王府设亲王护卫指挥使司，有三护卫，护卫甲士少者三千人，多的到万九千人。[⑩]塞王的兵力尤其雄厚，如宁王所部至有带甲八万，革车六千，所属朵颜三卫骑兵，都骁勇善战。[⑩]秦、晋、燕三王的护卫特别经朝廷补充，兵力也最强。[⑩]《皇明祖训》规定："凡王国有守镇兵，有护卫兵。其守镇兵有常选指挥掌之，其护卫兵从王调遣。如本国是险要之地，遇有警急，其守镇兵、护卫兵并从王调遣。"而且守镇兵的调发，除御宝文书外，并须得王令旨方得发兵："凡朝廷调兵，须有御宝文书与王，并有御宝文书与守镇官。守镇官既得御宝文书，又得王令旨，方许发兵。无王令旨，不得发兵。"[⑩]这规定使亲王成为地方守军的监视人，是皇帝在地方的军权代表，平时以护卫军监视地方守军，单独可以应变。战时指挥两军，军权付托给亲生儿子，可以放心高枕了。诸塞王每年秋天勒兵巡边，远到塞外，把蒙古部族赶得远远的，叫作肃清沙漠[⑩]，凡塞王都参与军务，内中晋、燕二王屡次受命将兵出塞和筑城屯田，大将如宋国公冯胜，颍国公傅友德都受其节制，军中小事专决，大事才请示朝廷，军权独重，立功也最多。[⑩]

以亲王守边，专决军务，内地各大都会，也以皇子出镇，星罗棋布，尽屏藩皇室、翼卫朝廷的任务。国都虽然远在东南，也安如磐石，内安外攘，不会发生什么问题了。

七、大一统和分化政策

朱元璋以洪武元年称帝建立新皇朝，但是大一统事业的完成，却还须等待二十年。

元顺帝北走以后，元朝残留在内地的军力还有两大支，一支是云南的梁王，一支是东北的纳哈出，都用元朝年号，雄踞一方。云南和蒙古本部隔绝，势力孤单，朱元璋的注意力先集中在西南，从洪武四年（1371）消灭了割据四川的夏国以后，便着手经营，打算用和平的方式使云南自动归附，先后派遣使臣王祎、吴云去招降，都被梁王所杀。到洪武十四年决意用武力占领，派出傅友德、沐英、蓝玉三将军分两路进攻。

这时云南在政治上和地理上分作三个系统：第一是直属蒙古大汗，以昆明为中心的梁王。第二是在政治上隶属于蒙古政府，享有自治权利，以大理为中心的土酋段氏。以上所属的地域都被区分为路府州县。第三是在上述两系统下和南部（今思普一带）的非汉族诸部族，就是明代人叫作土司的地域。汉化程度以第一为最深，第二次之，第三最浅，或竟未汉化。现代贵州的西部，在元代属于云南行省，其东部则另设八番、顺元诸军民宣慰使司，管理彝族及苗族各土司。元至正二十四年（1364），朱元璋平定湖南、湖北，和湖南接界的贵州土人头目思南（今思南县）宣慰，和思州（今思县）宣抚先后降附。到平定夏国后，四川全境都入版图，和四川接境的贵州其他土司大起恐慌，贵州宣慰和普定府总管即于第二年自动归附。贵州的土司大部分都已归顺明朝，云南在东北两面便失去屏蔽了。

明兵从云南的东北两面进攻，一路由四川南下取乌撒（今云南镇雄、贵州威宁等地），这区域是四川、云南、贵州三省的接壤处，犬牙突出，在军事上可以和在昆明的梁王主力军呼应，并且是彝族的主要根据地。一路由湖南西取普定（今贵州安顺），进攻昆明。从明军动员那天算起，不过一百多天功夫，明东路军便已直抵昆明，梁王兵败自杀。明兵再回师和北路军会攻乌撒，把蒙古军消灭了，附近东川（今云南会泽）、乌蒙（今云南昭通）、芒部（今云南镇雄）诸彝族完全降附，昆明附近诸路也都依次归顺。洪武十五年二月置贵州都指挥使司和云南都指挥使司，树立了军事统治的中心，闰二月又置云南布政使司，树立了政治中心。[114]分别派官开筑道路，宽十丈，以六十里为一驿，把川、滇、黔三省的交通联系起来，建立军卫，"令那处蛮人供给军食"，控扼粮运。[115]布置好了，再以大军向西攻下大理，经略西北和西南部诸地，招降麽些、彝、掸、僰诸族，分兵戡定各土司。分云南为五十二府，五十四县。云南边外的缅国和八百媳妇（暹罗地）见况，派使臣内附，又置缅中、缅甸和老挝（今暹罗）八百诸宣慰司。为了云南太远，不放心，又特派义子西平侯沐英统兵镇守，沐家世代出人才，在云南三百年，竟和明朝的国运相始终。

纳哈出是元朝世将，太平失守后被俘获，放遣北还，元亡后拥兵虎踞金山（在开原西北，辽河北岸），养精蓄锐，等候机会南下，和蒙古大汗的中路军、扩廓帖木儿的西路军，互相呼应，形成三路钳制明军的局面。在东北，除金山纳哈出军以外，辽阳、沈阳、开元一带都有蒙古军屯聚。洪武四年（1371）元辽阳守将刘益来降，建辽东指挥使司，接着又立辽东都指挥使司，总辖辽东军马，以次征服辽沈、开元等地。同时又从河北、陕西、山西各地出兵大举深入蒙古，击破扩廓的主力军（元顺帝已于前一年死去，子爱猷识里达腊继立，年号宣光，庙号昭宗）。并进攻应昌（今热河经棚县以西察哈尔北部之地），元主远遁漠北。到洪武八年扩廓死后，蒙古西路和中路的军队日渐衰困，不敢再深入到内地侵掠，朱元璋乘机经营甘肃、宁夏一带，招抚西部各羌族和回族部落，给以土司名义或王号，使其分化，个别内向，不能合力入寇，并利用诸部的军力，抵抗蒙军的入侵。在长城以北今内蒙地方则就各要害地方建立军事据点，逐步推进，用军力压迫蒙古人退到漠北，不使靠近边塞。西北问题完全解决了，再转回头来收拾东北。

洪武二十年冯胜、傅友德、蓝玉诸大将奉命北征纳哈出。大军出长城松亭关，筑大宁（今热河里城）、宽河（今热河宽河）、会州（今热河平泉）、富峪（今热河平泉之北）四城，储粮供应前方，留兵屯守，切断纳哈出和蒙古中路军的呼应，再东向以主力军由北面包围，纳哈出势穷力蹙，孤军无援，只好投降，辽东全部平定。[⑩]于是立北平行都司于大宁，东和辽阳，西和大同应援，作为国防前线的三大要塞。又西面和开平卫（元上都，今察哈尔多伦县地）、兴和千户所（今察哈尔张北县地）、东胜城（今绥远托克托县及蒙古茂明安旗之地）诸据点，连成长城以外的第一道国防线，从辽河以西几千里的地方，设卫置所，建立了军事上的保卫长城的长城。[⑩]两年后，蒙古大汗脱古思帖木儿被弑，部属分散，以后经过不断的政变、篡立、叛乱，实力逐渐衰弱，帝国北边的边防，也因之而获得几十年的安宁。

东北的蒙古军虽然降附，还有女真族的问题亟待解决。女真这一部族原是金人的后裔，依地理分布，大致为建州、海西、野人三种。过去不时纠合向内地侵掠，夺取物资，边境军队防不胜防，非常头痛。朱元璋所采取的对策，军事上封韩王于开原，宁王于大宁，控扼辽河两头，封辽王于广宁（今辽宁北镇），作为阻止蒙古和女真内犯的重镇。政治上采分化政策，把辽河以东诸女真部族，个别用金帛招抚（收买），分立为若干羁縻式的卫所，使其个别地自成单位。给予各酋长以卫所军官职衔，并指定住处，许其禀承朝命世袭，各给玺书作为进贡和互市的凭证，满足他们物资交换的经济要求，破坏部族间的团结，无力单独进攻。[⑩]到明成祖时代，越发积极推行这政策，大量地、全面地收买，拓地到现在的黑龙江口，增置的卫所连旧设的共有一百八十四卫，立奴儿干都司以统之。[⑩]

辽东平定后，大一统的事业完全成功了。和前代一样，这大一统的帝国领有属国和许多藩国。从东面算起，洪武二十五年高丽发生政变，大将李成桂推翻亲元的王朝，自立为王，改国号为朝鲜，成为大明帝国的属国。藩国东南有琉球国，西南有安南、真腊、占城、暹罗和南洋群岛诸岛国。内地和边疆则有许多羁縻的部族和土司。

藩属和帝国的关系缔结，照历代传统办法，在帝国方面，派遣使臣宣告新朝建立，藩国必需缴还前朝颁赐的印绶册诰，解除旧的臣属关系。相对地重新颁赐新朝的印绶册诰，藩王受新朝册封，成为新朝的藩国。再逐年颁赐大统历，使之遵奉新朝的正朔，永作藩臣。旧藩国方面则必须遣使称臣入贡，新王即位，必须请求帝国承认册封。所享受的权利是通商和皇帝的优渥赏赐。和其他国家发生纠纷，或被攻击时，得请求帝国调解和援助。在沿海特别开放三个通商口岸，主持通商和招待蕃舶使的衙门是市舶司，宁波市舶司指定为日本的通商口岸，泉州市舶司通琉球，广州市舶司通占城、暹罗南洋诸国。

朱元璋接受了元代用兵海外失败的经验，打定主意，不向海洋发展，他要子孙遵循大陆政策，特别在《皇明祖训》中郑重告诫说：

> 四方诸夷皆限山隔海，僻在一隅，得其地不足以供给，得其民不足以使令。若其不自揣量，来挠我边，则彼为不祥。彼既不为中国患，而我兴兵轻犯，亦不祥也。吾恐后世子孙倚中国富强，贪一时战功，无故兴兵，杀伤人命，切记不可。但胡戎与中国边境互相密迩，累世战争，必选将练兵，时谨备之。
>
> 今将不征诸国名列于后：
> 东北：朝鲜国
> 正东偏北：日本国（虽朝实诈，暗通奸臣胡惟庸谋为不轨，故绝之）
> 正南偏东：大琉球国　小琉球国
> 西南：安南国　真腊国　暹罗国　占城国　苏门答剌国　西洋国

爪哇国　溢亨国　白花国　三弗齐国　渤泥国[⑩]

中国是农业国，工商业不发达，不需要海外市场；版图广大，用不着殖民地；人口众多，更不缺少劳动力。向海外诸国侵掠，"得其地不足以供给，得其民不足以使令"。从经济的观点看，是没有什么好处的。从利害的观点看，打仗要花一大笔钱，占领又得费事，不幸打败仗越发划不来。还是和平相处，保境安民，多一事不如少一事，这样一打算盘，主意就打定了。[⑩]

属国和藩国的不同处，在于属国和帝国的关系更密切，在许多场合，属国的内政也经常被过问，经济上的联系也比较强。

内地的土司也和藩属一样，要定期进贡，酋长继承要得帝国许可。内政也可自主。所不同的是藩国使臣的接待衙门是礼部主客司，册封承袭都用诏旨，部族土司领兵的直属兵部，土府土县属吏部，体统不同。平时有纳税，开辟并保养驿路，战时有调兵从征的义务。内部发生纠纷，或者反抗朝廷被平定后，往往被收回治权，直属朝廷，即所谓"改土归流"。土司衙门有宣慰司、宣抚司、招讨司、安抚司、长官司、土府、土县等名目，长官都是世袭，有一定的辖地和土民，总称土司。土司和朝廷的关系，在土司说，是借朝廷所给予的官位威权，来镇慑部下百姓，肆意奴役搜括。在朝廷说，用空头的官爵，用有限的赏赐，牢笼有实力的酋长，使其倾心内向，维持地方安宁，可以说是互相为用的。

大概地说来，明代西南部各小民族的分布，在湖南、四川、贵州三省交界处是苗族活动的中心，向南发展到了贵州。广西则是瑶族（在东部）、壮族（在西部）的根据地。四川、云南、贵州三省交界处则是彝族的大本营，四川西部和云南西北部则有麽些族，云南南部有僰族，四川北部和青海、甘肃、宁夏有羌族。

在上述各区域中，除纯粹由土官治理的土司而外，还有一种参用流官的制度。流官即朝廷所任命的有一定任期、非世袭的地方官。大致是以土官为主，派遣流官为辅，事实上是执行监督的任务。和这情形相反，在设立流官的州县，境内也有不同部族的土司存在。以此，在同一布政使司治下，有流官的州县，有土官的土司，有土流合治的州县，也有土官的州县。即在同一流官治理的州县内，也有汉人和非汉人杂处的情形，民族问题复杂错综，最容易引起纷乱以至战争。汉人凭借高度的生产技术和政治的优越感，用武力，用其他方法占取土民的土地物资，土民有的被迫迁徙到山头，过极度艰苦的日子，有的被屠杀消灭，有的不甘心，组织起来以武力反抗，爆发地方性的甚至大规模的战争。朝廷的治边原则，在极边是放任的愚民政策，只要土司肯听话，便听任其作威作福，世世相承，不加干涉。在内地则取积极的同化政策，如派遣流官助理，开设道路驿站，选拔土司子弟到国子监读书，从而使其完粮纳税，应服军役，一步步加强统治，最后是改建为直接治理的州县，扩大皇朝的疆土。⑫

治理西北羌族的办法分两种：一种是用其酋长为卫所长官，世世承袭。一种因其土俗，建设寺院并赐番僧封号，利用宗教来统治边民。羌族的力量分化，兵力分散，西边的国防就可高枕无忧了。现在的西藏和西康当时叫作乌斯藏和朵甘，是喇嘛教的中心地区，僧侣兼管政事，明廷因仍元制，封其长老为国师法王，令其抚安番民，定期朝贡。又以番民肉食，对茶叶特别爱好，在边境建立茶课司，用茶叶和番民换马，入贡的赏赐也用茶和布匹代替。⑬西边诸族国的酋长、僧侣贪图入贡和通商的利益，得保持世代袭官和受封的权利，都服服帖帖，不敢反抗。明朝三百年，西边比较平静，没有发生什么大的变乱，当然，也说不上开发，从任何方面来说，这一广大地区比之几百年前，没有任何进步或改变。

注释

① 《明太祖实录卷二十四》。

② 《明太祖实录卷二十五》。

③ 赵翼：《廿二史劄记卷二十九·元建国始用文义》条。

④ 孙宜：《洞庭集·大明初略四》："国号大明，承林儿小明号也。"吴晗：《明教与大明帝国》，载《清华周报》三十周年纪念号。

⑤ 祝允明：《九朝野记卷一》。

⑥吴晗：《明教与大明帝国》。

⑦以上并据玄览堂丛书本《昭代王章》。

⑧宋濂：《芝园续集卷四·故岐宁卫经历熊府君墓铭》；何乔远：《闽书卷七·方域志》。

⑨吕毖：《明朝小史卷二》。

⑩《明成祖实录卷九十》；沈德符：《野获编卷三十·再僭龙凤年号》。

⑪《明成祖实录》卷五十六、九十六、二百。

⑫本节参看吴晗：《明教与大明帝国》。

⑬《明太祖实录》卷一百九十九、卷二百零二，《明史卷一百三十八·周祯传》，《卷一百四十·道同传》。

⑭《明太祖实录》卷七十一、卷一百九十。

⑮《明太祖实录卷五十》，《明成祖实录卷三十三》。

⑯《明律卷六·户律》。

⑰《明太祖实录卷三十》。

⑱《明史·太祖本纪》。

⑲吴晗：《元帝国之崩溃与明之建国》五，载《清华学报》十一卷二期。

⑳《明太祖实录卷六十八》。

㉑吴晗：《明代之粮长及其他》，载《云南大学学报》第二期。

㉒《大诰三编·递送潘富第十八》。

㉓吴晗：《明代之粮长及其他》。

㉔《明史·食货志一·田制》。

㉕《明史·食货志二·赋役》。《明太祖实录卷二百三十》作：粮储三千二百七十八万九千八百余石。《元史卷九十三·食货志·税粮》。

㉖《明史·食货志·户口》。《明太祖实录卷二百一十四》洪武二十四年十二月，天下郡县更造赋役黄册成，计人户一千六十八万四千四百三十五，口五千六百七十七万四千五百六十一。

㉗《元史卷九十三·食货志·农桑》。

㉘《大诰续诰四十五》。

㉙《明太祖实录卷一百一十一》。

㉚《明太祖实录卷一百二十六》。

㉛张居正：《张太岳集卷三十九·请申旧章饬学政以掘兴人才疏》。

㉜《明太祖实录卷一百五十》。

㉝《弘治大明会典卷一百一十三》。

㉞《明律卷十五·兵律》。

㉟《大诰续诰·互知丁业第三》。

㊱《大诰续诰·辨验丁引第四》。

㊲吴晗：《传·过所·路引的历史——历史上的国民身份证》，载 1948 年 1 月《中国建设》月刊五卷四期。

㊳《明史卷二百八十五·张以宁传附秦裕伯传》。

㊴《明史卷一百二十四·扩廓帖木儿传附蔡子英传》，《明太祖实录卷一百一十》。

㊵《明史卷二百八十五·杨维桢传、丁鹤年传》。

㊶余阙：《青阳文集卷四·杨君显民涛集序》。

㊷《明太祖实录》卷二十六、卷一百二十六。

㊸贝琼：《清江诗集卷八·述怀二十二韵寄钱思复》。

㊹贝琼：《清江诗集卷五·秋思》。

㊺《明史卷一百三十九·叶伯巨传》。

㊻《明史卷七十一·选举志》。

㊼㊿黄佐：《南雍志卷九·学规本末》。

㊽《南雍志卷十·谟训考》。

㊾《南雍志卷十五》。

㊿《大明礼令》。

51《南雍志卷一》，《皇明太学志卷七》。

52 53 55 57 63《南雍志卷一》。

54《明史卷一百三十九·钱唐传》，《卷五十四·礼志四》；李之藻：《类官礼乐疏卷二》；全祖望：《鲒埼亭集卷三十五·辨钱尚书争孟子事》；北平图书馆藏洪武二十七年刊本《孟子节文》；刘三吾：《孟子节文题辞》；容肇祖：《明太祖的孟子节文》，载《读书与出版》二年四期。

56《南雍志卷九》。

59 赵翼：《廿二史劄记卷三十一·明史立传多存大体》条，引叶子奇：《草木子》。按通行本《草木子》无此条。

60《明史卷一百三十七·宋讷传》。

61《南雍志》卷一、卷十，《明史·宋讷传》。

⑥《南雍志卷十·谨训考》。

⑥《南雍志卷一》,《明史卷六十九·选举志》。

⑥《大明会典卷七十八·学校》。

⑥《御制大诰·社学第四四》。

⑥本节参看吴晗:《明初的学校》,载 1948 年《清华学报》十四卷二期。

⑥《明史卷七十·选举志》。

⑥宋濂:《銮坡集卷七·礼部侍郎曾公神道碑铭》。

⑦宋濂:《轴苑别集卷一·送翁好古教授广州序》。

⑦陆容:《菽园杂记》。

⑦《明史卷一百二十八·刘基传》。

⑦《明史卷九十一·兵志》。

⑦吴晗:《明代的军兵》。

⑦《明太祖实录卷二百二十三》。

⑦宋讷:《西隐文稿卷十·守边策略》;《明史卷七十七·食货志》。

⑦《大诰武臣·科敛害军第九》。

⑦《明太祖实录》卷五十三,卷五十六;《明史卷一百五十·郁新传》。

⑦宋濂:《洪武圣政记·肃军政第四》。

⑧沈德符:《野获编卷十七·铁册军》。

⑧王世贞:《弇山堂别集卷八十六·诏今考二》。

⑧《宋史·职官志一》。

⑧司马光:《司马文正公传家集卷二十一·乞分十二等以进退群臣上殿札子》;钱大昕:《潜研堂文集卷三十四·答袁简斋书》。

⑧司马光:《涑水纪闻卷三》;李攸:《宋朝事实卷九》;李焘:《续资治通鉴长编卷一百二十五》。

⑧《旧唐书卷八十七·刘祎之传》。

⑧明成祖永乐元年(1403)以北平布政司为北京,五年置交阯布政使司,十一年置贵州布政使司。宣德三年(1428)罢交阯布政便司,除两京外定为十三布政使司。

⑧⑨《明史·职官志》。

⑧《明史·胡惟庸传》;吴晗:《胡惟庸党案考》,载《燕京学报》十五期。

⑧宋濂:《洪武圣政记·肃军政第四》。

⑨宋濂:《洪武圣政记》;《明史卷七十四·职官志》。

㉒《明史卷一百零八·外戚恩泽侯表序》，《卷一百一十三·后妃列传序》，《卷三百·外戚传序》。

㉓《明太祖实录》卷二十六，卷一百二十六；《明史卷七十一·选举志》。

㉔《明太祖实录卷三十九》。

㉕《明太祖实录卷八十五》。

㉖《明史卷一百三十六·陶安传》。

㉗《明史卷一百二十九·冯胜传》；孙承泽：《春明梦余录卷一》。

㉘《明史卷一百三十五·叶兑传》。

99 邱濬：《大学衍义补·都邑之建》。

100 刘辰：《国初事迹》。

101 黄光昇：《昭代典则》。

102《明史卷一百二十八·刘基传》，《卷二·太祖本纪二》。

103《明史·地理志一》。

104《明史卷一百一十五·兴宗孝廉皇帝传》，《卷一百四十七·胡广传》；姜清：《姜氏秘史卷一》；郑晓：《今言卷二百七十四》。

105 顾炎武：《天下郡国利病书卷十三·江南一》。

106《明史卷二·太祖本纪》。

107 何乔远：《名山藏·分藩记一》。

108《明史·兵志二·卫所》；《诸王传序》。

109《明史·宁王传》。

110《明史·太祖本纪·洪武十年》。

111《兵卫章》。

112《明史·兵制三·边防》；祝允明：《九朝野记卷一》。

113《明史·晋恭王传》，《太祖本纪三》，二十六年三月："诏二王军务大者始以闻。"本节参看吴晗：《明代靖难之役与国都北迁》。

114《明史卷一百二十四·把匝剌瓦尔密传》，《卷一百二十九·傅友德传》，《卷一百二十六·沐英传》，《卷一百三十二·蓝玉传》。

115 张纮：《云南机务钞黄》，洪武十五年闰二月二十五日敕。

116 钱谦益：《国初群雄事略卷十一·纳哈出》；《明史卷一百二十九·冯胜传》，《卷一百二十五·常遇春传》，《卷一百三十二·蓝玉传》。

117《明史·兵志三》；严从简：《殊域周咨录卷十七·鞑靼》；方孔炤：《全边略记

卷三》；黄道周：《博物典汇卷十九》。

⑱孟森：《明元清系通纪》、《清朝前纪》。

⑲内藤虎次郎：《明奴儿干永宁寺碑考》，载《北平图书馆馆刊》四卷六期。

⑳《皇明祖训·箴戒章》。

㉑参看吴晗：《十六世纪前之中国与南洋》，载 1936 年 1 月《清华学报》十一卷一期。

㉒《明史·土司传》。

㉓《明史·西域传》。

历史上的君权的限制

吴　晗

　　近四十年来，坊间流行的教科书和其他书籍，普遍的有一种误解，以为在民国成立以前，几千年来的政体全是君主专制的，甚至全是苛暴的、独裁的、黑暗的，这话显然有错误。在革命前后持这论调以攻击君主政体，固然是一个合宜的策略，但在现在，君主政体早已成为历史陈迹的现在，我们不应厚诬古人，应该平心静气地还原其本来的面目。

　　过去两千年的政体，以君主（皇帝）为领袖，用现代话说是君主政体，固然不错，说全是君主专制却不尽然。至少除开最后明清两代的六百年，以前的君主在常态上并不全是专制。苛暴的、独裁的、黑暗的时代，历史上虽不尽无，但都可说是变态的、非正常的现象。就政体来说，除开少数非常态的君主个人的行为，大体上说，一千四百年的君主政体，君权是有限制的，能受限制的君主被人民所爱戴。反之，他必然会被倾覆，破家亡国，人民也陪着遭殃。

　　就个人所了解的历史上的政体，至少有五点可以说明过去的君权的限制，第一是议的制度，第二是封驳制度，第三是守法的传统，第四是台谏制度，第五是敬天法祖的信仰。

　　国有大业，取决于群议，是几千年来一贯的制度。春秋时子产为郑国执政，办了好多事，老百姓不了解，大家在乡校里纷纷议论，有人劝子产毁乡校，子产说，不必，让他们在那里议论吧，他们的批评可以作我施政的参考。

秦汉以来，议成为政府解决大事的主要方法，在国有大事的时候，君主并不先有成见，却把这事交给廷议，廷议的人员包括政府的高级当局如丞相、御史大夫及公卿列侯二千石以至下级官如议郎博士以及贤良文学。谁都可以发表意见，这意见即使是恰好和政府当局相反，可以反复辩论不厌其详，即使所说的话是攻击政府当局。辩论终了时理由最充分的得了全体或大多数的赞成（甚至包括反对者），成为决议，政府照例采用作为施政的方针。例如汉武帝以来的盐铁榷酤政策，政府当局如御史大夫桑弘羊及丞相等官都主张继续专卖，民间都纷纷反对，昭帝时令郡国举贤良文学之士，问以民所疾苦，教化之要。皆对曰，愿罢盐铁榷酤均输官，无与天下争利。于是政府当局以桑弘羊为主和贤良文学互相诘难，词辩云涌，当局几为贤良文学所屈，于是诏罢郡国榷酤关内铁官。宣帝时桓宽推衍其议为《盐铁论》十六篇。又如汉元帝时珠崖郡数反，元帝和当局已议定，发大军征讨，待诏贾捐之上疏独以为当罢郡，不必发军。奏上后，帝以问丞相、御史大夫，丞相以为当罢，御史大夫以为当击，帝卒用捐之议，罢珠崖郡。又如宋代每有大事，必令两制侍从诸臣集议，明代之内阁六部都察院通政司六科诸臣集议，清代之王大臣会议，虽然与议的人选和资格的限制，各朝不尽相同，但君主不以私见或成见独断国家大政，却是历朝一贯相承的。

封驳制度概括地说，可以分作两部分。汉武帝以前，丞相专决国事，权力极大，在丞相职权以内所应做的事，虽君主也不能任意干涉。武帝以后，丞相名存职废，光武帝委政尚书，政归台阁，魏以中书典机密，六朝则侍中掌禁令，逐渐衍变为隋唐的三省——中书、门下、尚书——制度，三省的职权是中书取旨，门下封驳，尚书施行，中书省有中书舍人掌起草命令，中书省在得到君主同意或命令后，就让舍人起草，舍人在接到词头（命令大意）以后，认为不合法的便可以缴还词头，不给起草。在这局面下，君主就得改换主意。如坚持不改，也还可以第二次第三次发下，但舍人仍可第二次第三次退回，除非君主罢免他的职务，否则，还是拒绝起草。著例如宋仁宗时，富弼为中书舍人封还刘从愿妻封遂国夫人词头。门下省有给事中专掌封驳，凡百司奏钞，侍中审定，则先读而署之，以驳正违失，凡制敕宣行，大事覆奏而请施行，小事则署而颁之，其有不便者，涂窜而奏还，谓之涂归。著例是唐李藩迁给事中，制有不便，就制尾批却之，吏惊请联他纸，藩曰，联纸是牒，岂得云批敕耶？这制度规定君主所发命令，得经过两次审查，第一次是中书省专主起草的中书舍人，他认为不合的可以拒绝起草，舍人把命令草成后，必须经过门下省的审读，审读通过，由给事中签名副署，才行下到尚书省施行。如被封驳，则此事便当作为罢论。这是第二次也是最后一次的审查。如两省官都能称职，坚定地执行他们的职权，便可防止君主的过失和政治上的不合法行为。从唐到明这制度始终为政府及君主所尊重，在这个时期内君权不但有限制，而且其限制的形式，也似乎不能为现代法西斯国家所接受。

法有两种，一种是成文法，即历朝所制定的法典；一种是不成文法，即习惯法，普通政治上的相沿传统属之。两者都可以纲纪政事，维持国本，凡是贤明的君主必得遵守。不能以喜怒爱憎，个人的感情来破法坏法。即使有特殊情形，也必须先经法的制裁，然后利用君主的特赦权或特权来补救。著例如汉文帝的幸臣邓通，在帝旁有怠慢之礼，丞相申屠嘉因言朝廷之礼不可以不肃，罢朝坐府中檄召通到丞相府，不来且斩，通求救于帝，帝令诣嘉，免冠顿首徒跣谢，嘉谓小臣戏殿上，大不敬当斩，史今行斩之，通顿首，首尽出血不解，文帝预料丞相已把他困辱够了，才遣使向丞相说情，说这是我的弄臣，请你特赦他，邓通回去见皇帝，哭着说丞相几杀臣。又如宋太祖时有群臣当迁官，太祖素恶其人不与，宰相赵普坚以为请，太祖怒曰，朕固不为迁官，卿若之何！普曰，刑以惩恶，赏以酬功，古今通道也，且刑赏，天下之刑赏，非陛下之刑赏，岂得以喜怒专之？太祖怒甚起，普亦随之，太祖入宫，普立于宫门口，久久不去，太祖卒从之。又如明太祖时定制，凡私茶出境，与关隘不讥者并论死，驸马都尉欧阳伦以贩私茶依法赐死（伦妻安庆公主为马皇后所生）。类此的传统的守法精神，因历代君主的个性和教养不同，或由于自觉，或由于被动，都认为守法是做君主的应有的德性，君主如不守法则政治即失常轨，臣下无所准绳，亡国之祸，翘足可待。

为了使君主不做错事，能够守法，历朝又有台谏制度。一是御史台，主要的职务是纠察官邪，肃正纲纪，但在有的时代，御史亦得言事。谏是谏官，有谏议大夫左右拾遗、补阙及司谏正言等官，分属中书门下两省（元废门下，谏职并入中书，明废中书，以谏职归给事中兼领）。台谏以直陈主失，尽言直谏为职业，批龙鳞，捋虎须，如沉默不言，便为失职，史记唐太宗爱子吴王恪好畋猎，损居人田苗，侍御史柳范奏弹之，太宗因谓侍臣曰，权万纪事我儿，不能匡正，其罪合死。范进曰，房玄龄事陛下，犹不能谏正畋猎，岂可独坐万纪乎？又如魏徵事太宗，直言无所避。若谏取已受聘女，谏做层观望昭陵，谏怠于受谏，谏做飞仙宫，太宗无不曲意听从，肇成贞观之治。宋代言官气焰最盛，大至国家政事，小至君主私事无不过问。包拯论事仁宗前，说得高兴，唾沫四飞，仁宗回宫告诉妃嫔说，被包拯唾了一面。言官以进言纠箴为尽职，人君以受言改过为美德，这制度对于君主政体的贡献可说很大。

两汉以来，政治上又形成了敬天法祖的信条，敬天是适应自然界的规律，在天人合一的政治哲学观点上，敬天的所以育人治国。法祖是法祖宗成宪，大抵开国君主的施为，因时制宜，着重在安全秩序保持和平生活。后世君主，如不能有新的发展，便应该保守祖宗成业，不使失坠；这一信条，在积极方面说，固然是近千年来我民族颓弱落后的主因，但在消极方面说，过去的台谏官却利用以劝告非常态的君主，使其安分，使其不做意外的过举。因为在理论上君主是最高的主宰，只能抬出祖宗，抬出比人君更高的天来教训他，才能措议，说得动听。此类的例子不可胜举，例如某地闹水灾或旱灾，言官便说据五行水是什么，火是什么，其灾之所以成是因为女谒太盛，或土木太侈，或奸臣害政，君主应该积极采取相对的办法斥去女谒，罢营土木，驱诛奸臣，发赈救民。消极的应该避殿减膳停乐素服，下诏引咎求直言以应天变。好在大大小小的灾异，每年各地总有一些，言官总不愁无材料利用，来批评君主和政府，再不然便引用祖宗成宪或教训，某事非祖宗时所曾行，某事则曾行于祖宗时，要求君主之改正或奉行。君主的意志在这信条下，多多少少为天与祖宗所束缚，不敢做逆天或破坏祖宗成宪的事。两千年来只有一个王安石，他敢说"天变不足畏，祖宗不足法，人言不足恤"，除他以外，谁都不敢说这话。

就上文所说，国有大事，君主无适无莫，虚心取决于群议。其命令有中书舍人审核于前，有给事中封驳于后，如不经门下副署，便不能行下尚书省。其所施为必须合于法度，如有违失，又有台谏官以近臣之地位，从中救正，或谏止于事前，或追论于事后，人为之机构以外，又有敬天法祖之观念，天与祖宗同时为君权之约束器。在这样的君主政体下，说是专制固然不尽然，说是独裁，尤其不对，说是黑暗或苛暴，以政治史上偶然的畸形状态，加上于全部历史，尤其不应该。就个人所了解，六百年以前的君权是有限制的，至少在君主不肯受限制的时候，还有忠于这个君主的人敢提出指责，提出批评。近六百年来，时代愈进步，限制君权的办法逐渐被取消，驯至以桀纣之行，文以禹汤文武之言，诰训典谟，连篇累牍，"朕即国家"和西史暴君同符。历史的覆辙，是值得读史的人深切注意的。

编 后

　　储安平先生在暑假里到北京来，他希望我把在《乡土重建》后记里所预告的"中国社会结构"早一点整理出来，我对这件工作着实踌躇，因为这件工作要做到自己能满意的程度决不是这几年内可以完成的。

　　我这一年多来，为了四乡不安靖，一向做的实地研究工作停顿之后，曾想借此转变一个研究的方向，费几年读读中国历史，所以想到这个"雄心太大"的题目。在今年上半年，我曾跟读历史的老朋友商量，跟他们从头学起。为了交换意见的方便，约了辰伯兄一同组织了一个讨论班，聚集了一些对这问题有兴趣的朋友一起切磋。同时还在学校里开了一门"社会结构"的课程，使同学也有机会参加。实际的目的还是在想借朋友们和同学们的督促，让自己多读一点中国历史，而且希望能和实地研究的材料联串配合起来，纠正那些认为功能学派轻视历史的说法。

　　这个讨论班继续了有半年，每两星期有一位朋友宣读一篇论文，这些论文也陆续在各种刊物上发表过。但是这些只是我们初步的尝试，目的偏重在提出问题，不在获得结论。若把这些尝试的结果拿出来，对于行家固然是不够成熟，无其所取；对于初学甚至可能有盲人带瞎子的危险。储先生要我编这本书，真为难了我。

　　但是，如果读者明白了这集子里所收的论文只是一些年轻朋友相互学习过程中的记录，而且愿意就这里所提出的问题自己下手去研究的话，这个记录也有参考的价值。我和辰伯兄讨论是否值得编这集子时，他也认为这里所提出的问题是很值得继续研究的，虽则他同时也承认有很多理论还没有足够的事实予以支持。本来，科学的发展是需要一些大胆的假设的，这些假设最后可以完全被取消，但是如果这些假设能引起研究者的兴趣，集结许多人的努力，它对于科学的发展也大有帮助。我在这种认识之下，最后答应了储先生把曾在我们讨论班里宣读过的论文编成这一本《皇权和绅权》的讨论集。我希望读者也从这个了解下去接受这本集子。

因为这是讨论集，所以各人不厌求异。很多时候我们有意地采取了相反的立场，使我们的辩论可以更周到。在这集子里，我们还保持着当时各人所发表的意见，有的是补充的，有的是相反的，虽则我知道经过了这半年的讨论，各人的看法多少都有了一些变更。我相信，多一些假设也可以帮忙读者看到一些不同的说法，因而引起他们自己对这问题下手研究的兴趣。

我们的讨论班在事先并没有"讨论大纲"一类的计划。一个人宣读过一篇论文，大家参加了意见之后，常常发生需要深入讨论的新题目，参加的朋友们中对这新题目有兴趣的常常自动地担任了下届宣读论文的责任。有时一个人连接读了几篇，也有时自愿把旧题目再度提出来讨论一次。因之在编这集子时，我并不能根据题目间本身的相关性作次序，也不能用宣读的前后作次序，结果只能采取了一个折中办法，以人作单位，大体上顾到一些内容和宣读的次序以编成此集。

依书名说，应当是论皇权在前，但是因为在这个讨论班组成之初，朋友们要我第一个开口，我提出了绅权的题目；同时我又在别的地方发表了《基层行政的僵化》和《再论双轨政治》等文章，论到绅权和皇权的关系。当时这几篇文章曾引起过各方面的反应，讨论班上的朋友们意见也极为分歧，所以成了我们讨论时的中心兴趣之一。后来好几篇论文多少都针对着我在这几篇文章中所提出的假设而立论的。因之我想最好还是把这几篇编在前面。至于有关基层行政的论文因为已经收入《乡土重建》一书中，所以不再在这里重复了。

很多朋友重述我的意见时，有时也未免有过分的地方。但是为了讨论方便起见，把对方说得过分一些，辩论时比较容易有声色。因之，我也安于被配作反角的地位，使讨论本身更有兴趣。我觉得我们重要的任务不是在审判皇权和绅权，定它们什么罪名，而是在了解中国传统结构中这两种权力怎样合作和冲突？它们的性质如何？它们的演变如何？对它们多一分了解，我们也就算多做了一步工作。我们的工作是分析，不是批判。至于有人以为我们在提倡什么，那是更远得不着要点了。

这里不过是一个开端，如果还有机会的话，我很愿意继续对中国社会结构多作讨论。我在《乡土重建》的后记里已经说过，从权力结构上看去，我们至少可以在传统中国找到四种重要的成分，皇权、绅权、帮权和民权。这里我们不过讨论到前面两种中的若干方面，整个结构中极小的一部分。如果这个既不成熟又不完整的开端能引起广大读者的兴趣和讨论，则这本集子的出版也可以说是没有白费纸张了。

费孝通　1948 年 8 月 28 日